Ultralearning

Master Hard Skills, Outsmart the Competition, and Accelerate Your Career

Ultralearning

Master Hard Skills, Outsmart the Competition,
and Accelerate Your Career

Ultralearning

Master Hard Skills, Outsmart the Competition, and Accelerate Your Career

Ultralearning

Master Hard Skills, Outsmart the Competition,
and Accelerate Your Career

史考特·楊
Scott H. Young 著
林慈敏 譯

Ultralearning

Master Hard Skills, Outsmart the Competition, and Accelerate Your Career

超速學習

**我這樣做，
一個月學會素描，
一年學會四種語言，
完成 MIT 四年課程**

獻給 柔莉卡

【目錄】

——專文導讀——

眞希望我能早一點擁有這本書

詹姆斯・克利爾

我與史考特的緣分始於二〇一三年中。七月十日那天，我寄給他一封電郵，問他下個月是否願意跟我通電話、聊一聊。幾天前我們在一場會議中認識，我希望他願意接續那次對話。

「或許吧，」他回覆道。「那時我人在西班牙，接下來可能得先進行個人計畫的重點——語言學習。」

那不是我期待的答案，但似乎很合理。在國外旅行途中安排通話可能很麻煩，若他希望等回來了再說，我也可以理解。然而，我很快就發現他短期內不會回來，而延後我們談話的原因，並非時差或不穩定的網路連線。

都不是，之所以很難跟史考特聊天，是因爲他打算**一整年都不說英語**。

就這樣，我開始逢人就介紹史考特與他對「超速學習」心法的完全投入。接下來的十二個月，史考特旅居西班牙、巴西、中國與韓國，過程中也漸漸能以這些國家的語言與人交談，期間我會偶爾與他通電郵。他說話算話：直到二〇一四年夏天，我們才騰出時間，聊聊近況，並開始每隔幾個月就互通訊息。

跟史考特通電話總是讓我感到興奮，主要是出於我個人私心：身爲一名寫作者，我最感興趣的事情之一，就是建立好習慣與打破壞習慣的技術。像史考特這樣顯然非常善於掌握自己習慣的人，正是可以教導我一些事的好對象。結果也確實如此。我幾乎不記得有哪一次與史考特通完電話後，會覺得前一小時沒學到東西。

更別說他那些讓我感到驚訝的深刻見解了。在二〇一三年那場會議認識他之前，我就已把史考特列爲値得關注的對象。因爲前一年，他才以不到一年時間，完成麻省理工學院資訊科學系所有大學課程，等於不到十二個月上完需時四年修完的課，並通過所有期末測驗，在網路上一夕爆紅。我在那場會議找到他之前，就看過他在TEDx演講中概述個人經驗，也讀過他寫的一些關於學習與增進自我能力的文章。

將一個充滿野心的計畫付諸行動，像是一年內念完麻省理工學院的大學課程，或每三個月學會一種新語言，對許多人來說是很激勵人心的。我當然也覺得這些大膽計畫十分吸引人，但史考特的計畫，還有其他令我更深感共鳴的部分，那就是：他對行動力的極度偏好。

這是我一向欣賞史考特這套學習法則之處，也是我相信身爲本書讀者的你會欣賞的地方。他不只專注於知識的吸收，也致力於付諸實行。以一種高強度的方式學習，以及對行動的承諾，是史考特這套心法的一大特色。這套方法之所以吸引我，正是因爲我從自己的人生與事業發展中，也看到了類似的成功模式。我有過的一些最有意義的經驗，就是自我導向加上高強度學習的成果。

我最初的超速學習計畫之一是攝影，儘管當時我並不知道「超速學習」這個名詞。二〇〇九年末，我搬去蘇格蘭住了幾個月。那是我第一次在國外居住，想到蘇格蘭高地的美景，我想應該買部好相機，但沒料到的是，自己竟會愛上拍照的過程。接下來就是我人生中最富有創造力的一段時期。

我透過各種方法來學攝影：研究知名攝影師的代表作品、搜尋好地點與動人的取景角度。但最主要還是透過一個簡單方法：我在第　年就拍了超過十萬張照片。我從未報名任何一堂攝影課，也沒有讀過教人如何成爲一名好攝影師的書，只是全心投入不間斷的實驗。這種「做中學」的方法，正好體現了本書中我最喜愛的章節之一——史考特超速學習法的第三個法則「直截了當」。

「直截了當」就是透過直接去做那件想學習的事來學習，也就是說，這是透過主動練習、而非被動學習得到的進展。「學習新事物」與「練習新事物」兩種說法乍看相似，但結果可能大不相同。**被動學習能帶來知識，主動練習則帶來技能。**

關於這一點，史考特在第六章做了更完整的釐清與推敲：「直截了當」有助於發展技能。你可以研究推舉訓練的最佳教學指南，但打造肌力的唯一方法，就是練習舉重；你可以研讀所有銷售類暢銷書，但眞正能找到客戶的唯一方法，就是實際去造訪客戶。當然，學習非常有用，但危險的是，吸收新知的行爲，可能讓你與精進新技能的練習過程脫節。你可以知道某個行業的所有知識，卻仍缺乏現實世界的專業技能，因爲你並未親身練習。

史考特了解學習新技能在實際上有多難。我對他的尊敬不只是因爲他的好文筆，也基於他是自己想法的實踐者這一簡單事實。他眞的是親身投入，這一點非常重要，許多想法在紙上談兵時看似美妙，但在眞實世界裡卻一敗塗地。正如俗話說：「理論上，理論與實踐是一樣的，但實際上，它們並不一樣。」

至於我對攝影的追求，在我全心投入直接練習後沒多久就成功了。買了相機之後幾個月，我到挪威旅行，並挺進北極圈，捕捉極光影像。不久後，拜那張「北極之光」照片所賜，我得以名列「年度旅行攝影家」決選名單。這成果不僅讓人驚訝，也是一種眞實見證，證明人在一段短但高強度的學習期間裡，能得到多大的進步。

我不曾想過從事攝影這一行，純粹出於好玩與個人滿足感，而進行這一次超速學習計畫實驗。但幾年後，差不多就在我第一次見到史考特時，我開始了另一段高強度學習期，心中期待能得到更功利的成果：我想成爲一名企業家，而我認爲寫作會是助我達成目標的一條路。

再一次地，我選擇了一個自己正式工作經驗不多的領域。我的家族裡沒出過企業家，我只上過一門大學的英語課，但讀完本書後，我吃驚地發現，史考特以幾乎是逐步的方式，詳細解釋了我從一名尚未有實績的新手企業家到暢銷書作家所遵循的過程。

法則一：後設學習——也就是學習如何學習。一開始，我先檢視其他受歡迎的部落客與作者。他們的方法幫助我打造一份藍圖，指引我成爲一名成功作家必須要做的事。

法則二：專心致志——我幾乎是從一開始就全職寫作。除了一些爲了付帳單而接的專案工作之外，我大部分時間都花在閱讀與寫作上。

法則三：直截了當——我用寫作來學習寫作。我爲自己設定了一份寫作行程表，每週一與週四要寫一篇新文章。開始的前兩年，我便寫出超過一百五十篇散文。

法則四：反覆操練——我系統性地拆解寫文章的每一部分：標題、引言、連接詞句、說故事等等，並組合成幾張工作表，上面塡滿每一個部分的例句。然後再開始著手測試與琢磨，精進我在這項大任務中每一小部分的表現能力。

法則六：意見回饋——針對前一萬名訂閱者，我親自寫了問候電郵給幾乎每一個人，並請他們對我寫的東西給予回饋。我得到的回饋雖有限，卻在初期教會我許多。

諸如以上。我的重點是，史考特的方法是有效的。遵循他在書中陳述的技巧，我得以建立一份寫作事業、開創一門成功生意，以及最後寫出一本《紐約時報》排行榜暢銷書：**我發表的《原子習慣》，正是圍繞著超速學習過程的多年努力，所獲致的成果。**

我想，有的人一聽到寫一本暢銷書，或是一年內學會四種語言這類的故事，很容易會認爲：「那是給別人看的。」我並不同意。**快速學會某件有價值的事，不一定限於少數天才，而是任何人都能擁抱的過程。**大多數人從不去做，並不是因爲做不到，而是從未有過一套劇本告訴他們如何做到——直到現在。

無論你是爲了個人或職業上的利益，想開始一項新計畫，採行這套超速學習法的好理由不少。首先，深度學習能帶給你一種人生使命感。培養技能對你別具意義，對某事十分在行的感覺也很棒。超速學習是一條證明你有能力改善並充分利用人生的道路，能帶給你信心，相信自己可以成就一番事業。

其次，深度學習是你得到超大回報的方式。原因很簡單：大多數人永遠不會用高強度去學習你感興趣的領域。即使只有幾個月，這麼做都將幫助你出類拔萃；而只要你出類拔萃，就能找到比較好的工作、談成比較高的薪水或爭取較多自由的時間、與更有趣的人建立關係網絡，還能提高你個人生活與職業生涯的水平。超速學習能幫助你培養可運用在其他地方的影響力。

最後，深度學習是可能的。知名企業家與投資人保羅．葛藍曾說：「在許多領域，一年的專注工作加上經常的關注就已足夠。」同樣地，我想大多數人也會對自己不到一年（或幾個月）的專注學習所能成就的事感到驚訝。高強度的自主學習過程，可培養出你從未想過能學會的技能。超速學習可以幫助你發揮潛能，而這或許是實行它的最佳理由。

事實上，雖然我對寫作與攝影的追求成功了，但這些計畫是隨興而成。我滿腔熱忱，但並沒有任何指引或方向，以至於我犯過許多錯。真希望我能早一點擁有這本書，如今我只能想像自己如果一開始就讀到這書，會省去多少過去浪費的時間與精力。

《超速學習》讀來吸引人且激勵人心。史考特匯集而成這一座可具體操作的策略寶庫，讓人能更快速地學會任何事。如今他的努力成了你的收穫，希望你能跟我一樣喜歡這本書。更重要的是，我希望你能運用這些法則，在你自己的人生中完成一些充滿雄心與讓人興奮不已的事。從史考特在本書中分享的故事與策略，你會知道該怎麼做，剩下的就只是採取行動了。

（本文作者為暢銷書《原子習慣》作家）

—推薦序—

從加法進階到超速學習的乘法思維

艾爾文

我不喜歡走捷徑，但對「學習」這件事，我倒是會特別留意有沒有捷徑。

如同我給自己的座右銘：「人生沒有捷徑，只有循序漸進。」這股不喜歡走捷徑的念頭，來自工作上的經驗——每當做事走捷徑時，往往結果不會比穩穩去做來得好。

但，誰不喜歡走捷徑呢？雖然明知道不見得更快，可是人的大腦天生就想省力。大腦演化的目的，本來就是爲了讓人生存的，不是爲了讓你達到什麼人生目的；如果可以十步就到的地方，它便會阻止你走一百步。

因此，本書提到的「超速學習」觀念，是個少有人知、違反人性的觀念，卻是現代人越來越需要的技能。在這個知識越來越多樣化的時代，提升學習的速度跟效率，將是工作上勝出的關鍵。

舉個例子：二加二加二等於六，但更快的方法是計算二乘三等於六。運用「加法」就是正常情況下的學習，學習效果也不差，但超速學習者則會從中找看看有沒有

「乘法」來運用，直接往上跳一層，學習更高階技巧。好比「交叉學習法」，同一時期在不同的技能或知識裡輪流練習，將彼此不同的經驗整合在一起，加快學習回饋成效，達到比在單一領域裡學習更好的成果。

這聽起來有點複雜，但你想想看，現代電影爲何可以讓人看得目不轉睛，還花兩個多小時坐在那邊？正是因爲一部電影裡除了故事的軸線精采，中間還會結合愛情、笑話、悲傷等不同元素。

超速學習的乘法思維，就是透過新的學習方法，獲取新的理解能力，是「學習如何學習」的技巧。別小看這種從加法跳到乘法的思維，加一百次跟直接乘上一百，兩者相較之下，學習速度的差距就很可觀。嚴格來說，**學習上的捷徑並不是簡化學習的內容來超速，而是從學習的方法上超速，同時維持住學習的品質。**

再來看書中另一個例子。當人在提升專注力時，會遇到三個困難：拖延不開始、無法維持專注度、低效甚至無效的專注。爲了提升專注力，超速學習者會堅持不懈地克服這三個困難。

你想想，在上網還沒那麼方便的時代，學習專注力的殺手只有電視，而現在就連電視的吸引力也抵不過上網工具，很多人早已習慣打開電視的同時，手上也拿著手機或平板。換句話說，分散人注意力的東西只會越來越多，眞正需要你去做的事情，只會越來越被排擠，因此在這分心時代下擁有專注的能力將是非常可貴，幾乎可說是個人能力上的資產。

至於要如何提升專注力？你可以針對這三個困難一一擊破，但我個人分享一個「走捷徑」的經驗，不影響成效但能更快提升專注度——就是直接套用「心流」的概念，一次克服前面這三個困難。當你想提升專注力時，你的目標是持續培養自己進入心流的技巧，你越快讓自己靠近心流的狀態，你的專注力自然就越高。雖然如作者所言，心流狀態不一定能出現，但光是引導自己進入心流的過程，你的專注力就已經比平常提升許多。

提醒一下，對於初步接觸「學習如何學習」概念的人，閱讀此書會感覺好像忽然走進專業師傅的工具倉庫，眼前陳列顏色、大小不一的十字螺絲起子、榔頭，角落還擺滿奇形怪狀、看都沒看過的工具機，頓時之間你只想轉頭跑走。此時可別眞的被嚇跑了，因爲這些工具都很值錢！是作者親身實踐，外加長期研究各種文獻資料所整理出來的心法，知識量多，所以才有些難下嚥。

因此我建議你在閱讀時，不妨隨機挑選有興趣的工具來使用，先有興趣嘗試，是提升學習速度的關鍵。此外，當你透過作者整理的步驟而熟悉該工具後，這段學習的過程就會變成經驗，幫助你接著學習另一個新工具。

這種因為借助過去學習的經驗，而加快學習新事物的速度，亦是此書中所謂的「後設學習」。如同前面我用乘法來做的比喻，即使不同領域的知識無法產生化學效應，但獲取這些知識的「方法」，將會變成經驗而加乘。

十年前，我不會架網站，所以我開始學網頁語法，同時成立自己的理財筆記部落格。如今，我有了一個超過兩千萬次瀏覽的網站。

五年前，我沒有寫書的經驗，所以我去充實更多說故事與編輯書的觀念，加上持續練習寫作，如今已經累積了五本著作，也寫了超過上百萬的字。

三年前，我不會剪輯影片，所以我開始學錄製影片，再一刀一刀剪輯，如今已經能加入動畫、音效，並剪出有節奏感的影片。

學習的本身就是一個累積與加乘的過程，只要你懂得學習的技巧。

從小到大，我們長期面對升學考試壓力，因此不自覺地把學習本身也視作壓力。其實，學習的過程可以是讓人感到快樂的，能滿足人天生的好奇心，增加你的想像力，幫助你設計更好的人生。當你開始閱讀《超速學習》這本書時，會漸漸發覺作者**不只希望你加快學習，也是希望你享受學習，找回人對新知的好奇心，體驗到學習成長帶來的暢快感受。**

艾爾文私心推薦：如果你還不知道如何開始，在此推薦你，可以從以下三個部分先行閱讀，立即運用在自己的生活或工作中。

・如何提升專注力→第五章，**法則二「專心致志」**（P.111）。

・針對當前遇到的問題直接學習→第六章，**法則三「直截了當」**（P.131）。

・學習接受回饋。回饋又有什麼魔力？什麼是結果型回饋、資訊型回饋、改正型回饋？→第九章，**法則六「意見回饋」**（P.185）。

（本文作者為勵志作家）

—推薦序—

超速學習的祕密是什麼？

蔡依橙

爲什麼同樣是社會新鮮人，進到職場後，有些人學得慢，有些人學得快，更有些人，竟然沒幾年就能成爲業界大師？同樣的時間過去了，一部分人卻甚至還沒抓到訣竅？

爲什麼同樣是孩子、是學生，有些人學得慢，有些人學得快，更有些人，總是在考試中制霸，而且這種能力，似乎並不局限在特定科目，全科都強的人還不少？

關鍵差異是，對於「學習」這件事，有些人擁有「後設」的能力，有些人則沒有。

後設是什麼？為何威力如此強大？

「後設」學習的意思是，能夠用更高的角度，去檢視並拆解自己的學習，然後加以優化。這些人懂得「學習如何學習」，所以學任何東西，都比別人更有效、更精準。

例如，一個朋友在外商公司工作，有更高英文能力的需求，他認爲過去單字背太少，去書局買了考試用單字書，從字母A開始背，沒兩週就放棄。挫折之外，也認定自己「天生就不適合讀英文」。

但我認爲，他不是沒有天分，而是沒有方法。外商公司需要的，是跟國際伙伴溝通，目標是夠用的口說、聽力，以及自己行業中的文件閱讀能力與專業字彙庫。他需要的不是去書局買單字書，而是認眞細讀自家技術文件，熟悉業內常用名詞。在口說與聽力部分，則可以找線上家教，一對一互動，以「breaking news discussion」討論焦點新聞爲主題，選擇自己行業相關的文章，醫療產業就讀疫情新聞、3C產業就讀供應鏈相關報導。

爲什麼後者的方法有用？因爲這是根據實際的最終應用場景，去建立目標後，以終爲始，回推設計學習素材，讓「動機—學習—應用」三個元素同在一條軸線上。知道自己爲什麼要努力，學到的東西在工作上馬上就用得到，挫折感自然小、走得遠，也學得深。

《超速學習》就是一本教你怎麼用後設角度來看待學習，並完成「動機—學習—應用」學習軸線的工具書。架構清楚之外，每個步驟並附上實例、學習心理學研究成果，以及作者自己親身實踐後的現身說法。

台灣讀者應用時的注意事項

對於台灣讀者，我認為閱讀本書時，要特別注意「動機」的部分。因為求學過程中，該上學、該讀書、該考試，多數人都會配合，但我們卻很少仔細思考：「我為什麼要做這件事？」於是乎，進了大學，完全不知道自己為什麼坐在這裡、為什麼讀這個科系、為什麼要繼續努力。「缺乏動機」，是許多第一線大學老師對大學生的共同觀察。

想要「超速學習」，需要很強大的動機，因為經過拆解分析後的學習，保證有效，卻不保證快樂輕鬆。你需要一個很強大的驅力，才能把自己推過最辛苦的那一段。這樣的動機可不只是「我想學好西班牙文」「我覺得線上學完麻省理工學院（MIT）課程很酷」這種程度而已，而是要有更實際的效益，以及更鮮明的夢想引導，才有可能辦到。

既然作者教我們用「後設」來看待「學習」，我們也可以用「後設」來分析作者的「動機」，這部分雖然作者在書裡都有提到學習的具體事件，但卻沒有明說。

隱藏彩蛋：作者沒有明說的

關鍵的問題是，他爲什麼會去規畫並完成「MIT挑戰」呢？又爲什麼會有一年學四種語言的計畫？之後還進行了三十天畫人像素描計畫。

是的，這些計畫都很酷、很有趣，但通常只能讓人有心開始，可一遇到眞正的困境，就很容易放棄。更別說這些過程，他都持續地以部落格、照片、影片更新。尤其「MIT挑戰」，是連自己的期末考解答、評分標準，都公開透明地放在網路上，供人檢視公評。

到底爲什麼呢？

這是因爲作者史考特．楊是一位個人創業者，他從寫部落格紅起來，並販售自己設計的線上課程，獲得收入，主題包括：快速學習、生涯頂尖、讓自己改變等。以生涯頂尖（Top Performer）主題爲例，八週循序漸進的內容，配合學員專屬的討論區，參加過的網友透露收費爲五百美金。

也就是說，史考特一開始創業，架構出「部落格＋線上課程」小迴圈，而「MIT挑戰」、一年學四種語言計畫、三十天畫人像計畫，就是要證明自己的學習理論與線上課程是正確且可用的。這也說明了爲什麼這些計畫都保留了大量照片、影片、資料，增進說服力，也讓懷疑者得以查證。而且這些資料全部都放在他自己的網站上，不只引來關注流量，也引導你看到他的線上課程。

有了可獲利的產品，加上這些知名學習計畫，接著再出書，打造世界級的名氣，「部落格＋線上課程」的迴圈，就變成「世界級知名度＋部落格＋線上課程」的大迴圈，獲利模型有效放大。

史考特大學念的是商學院，主修創業，他所實踐的，是用一個又一個評估過可行的計畫，去爲自己的「超速學習」個人品牌建立聲望，進而強化既有商業模式的過程。

這正是他的底層動機：想要更上層樓。於是，找到關鍵拼圖，並有效率地去執行，成功進階到更高的層次。

本書作為「學習」指引

看懂之後，再回到我們自己。

你想讓自己的專業生涯更上層樓嗎？你想補足重要的能力拼圖嗎？你想協助自己的孩子，更有效地學習嗎？

誠摯地建議你，可以把這本書當成學習指引，在安排自己的學習計畫，或幫孩子檢視學習弱點時，將每一個章節當成確認清單，一一思考。看標題就懂作者在說什麼的，就直接去實踐；不太確定或略有疑惑的，就細讀內文，讓作者用他的敘述與學習心理學的研究結果來說服你。

祝各位都能打通「動機—學習—應用」的任督二脈，並讓自己（或孩子）的生涯，更上層樓！

（本文作者為「蔡依橙的閱讀筆記」板主、「新思惟國際」創辦人）

—推薦序—

超速學習，你彎道超車最好的學習策略！

許景泰

什麼是超速學習？爲何你必須學會超速學習？

如果你認爲「學習」只是一種抱持著好玩心態、因感興趣而嘗試新事物的歷程，那麼「超速學習」正好相反，它是一種帶有積極性策略、有強烈內在動機，甚至是高強度的自主學習。

你在沒看本書之前，或許會問，爲何忙碌工作之餘，還需要給自己這麼高強度的壓力來學習，甚至在「超速學習」過程中，在心理、情緒，甚至體力上爲你帶來更多壓力？

但事實是，超速學習可以引領你我進入超凡的學習境界，達到以下三個具體成果：

一、超速學習是一種最高效的自我投資：

當你可以在短時間內，快速有效地掌握一項新技能，更成功地與他人競爭，將比你在工作上苦幹實幹多年，產生更巨大的影響和改變。是的，在我認識的各行業頂尖成功人士之中，多數都懂得高效運用時間、熟稔聰明學習的方法，不斷挑戰自己的極限，創造人生另一個高峰。

二、實現你內心渴望的夢想，超速學習是最快的聰明捷徑：

誠如本書作者所提，我們心中有很多渴望與夢想，但多數因爲時間、外在環境、內在的自我設限而卻步，無法前行。多少時候，你也想要多學一種外語，跟人溝通？成爲一名很會做菜的廚師？變身一位作家或攝影師？

我們在成長的學習過程中，總是發現自己的諸多不足，因爲能力、精力、外力上的種種原因難以克服，而有所限制。作者要告訴你，他身體力行發現「超速學習」將爲你開闢一條新的學習模式之路，爲你實現內心始終難以達成的學習目標，並打造出那一個夢想中的自己。

三、面對消失的工作，超速學習是你最強的生存技能！

這是一個中產階級工作被ＡＩ人工智慧大量取代的時代。已有諸多現況證明，未來十年內，有四十%的工作會消失。換句話說，你曾經在學校學習到的謀生技能，都不足以讓你在職場上勝出，唯一能取而代之的是，你必須擁有高超的適應能力，而超速學習就是其中一種最具積極性、學會新技能的強大能力。因爲，誠如作者所說：「積極且重視效率的超速學習者，將會是精通新科技的先行者。」

你也能成為超速學習者嗎？

無庸置疑，在我學習的歷程中，我發現掌握「聰明學習」的途徑，將會使你學會一項新技能、閱讀大量書籍、活學活用一門知識，創造十倍速的效率，高效產出非凡的成果！這也跟「超速學習」所提的方法不謀而合。

這本書將明白告訴你，只要你願意，哪怕你再忙，也能高速學習；只要你懂得在一段時間內，設下高強度的學習挑戰計畫，你將會在短時間裡習得一項高價值的技能。當然，我更喜歡的超速學習，是將我原本要學習的技能，加以活化、融入在我的工作和日常，確保學習跟我緊密融合，我無須額外再花太多時間，只要懂得自律、找出最佳的方法、養成好的微習慣行爲模式，一樣也能達成超速學習的成效！

在這快速、多變、不斷更迭的時代，我想你也會同意，若你單憑一項專業技能，就認爲可以在工作和生活上取得優渥、自在的人生，這將是非比尋常且困難的事。而懂得如何學習，善加利用這套超速學習法，成爲一名終身學習的愛好者，我相信這將是你人生策略上最重要的投資之一，同時，更是你人生彎道超車最佳的學習策略！

（本文作者為SmartM大大學院創辦人）

第一章

你能在不上MIT的情況下，學會MIT的某套課程嗎？

只剩下幾個小時了。晨光在前方建築物上閃爍光芒，我朝窗外瞥了一眼。那是個秋高氣爽的日子，對一個以多雨聞名的城市來說，難得陽光普照。在我位於十一樓的制高點下方，穿著體面、提著公事包的男性，還有牽著小型狗的時髦女性來回穿梭。公車趕在週末前，最後一次把心不甘情不願的通勤者慢慢送進城裡。這城市或許才剛從沉睡中醒來，但我早在黎明前就已清醒。

「現在可不是做白日夢的時候。」我提醒自己，把注意力拉回眼前筆記本上潦草寫著、解到一半的數學題。「證明對於單位球體內的任何有限部分，$\iint_R \mathrm{curl}F \cdot \hat{n}\, dS = 0$……」問題是這麼開始的。

這門課是美國麻省理工學院（以下簡稱MIT）的多變量微積分。期末考就快開始，我沒剩多少時間可以準備。

「旋度（curl）又是什麼？」我閉上眼睛，試圖在腦中形塑出那個問題的畫面。「我知道有個球體。」我在腦海中變出一顆明亮的紅球，在虛空中漂浮著。「再來，n̂是什麼？n̂代表法線（normal）。」我提醒自己，意思是一個從平面指向正上方的箭頭。我的紅球變得毛茸茸的，所有末端都直直站著毛髮般的向量。「那旋度呢？」我的想像畫面變成一片浩瀚海洋裡，有許多小箭頭組成的波浪在擺動。旋度標示出漩渦，正繞著小圈圈打轉。

我再次想到腦海那顆有著充飽靜電髮型、毛茸茸的紅球。我的絨毛球體沒有漩渦，因此一定沒有任何旋度，我這麼推論。「但我要如何證明？」我隨手寫下一些方程式。

「最好再仔細檢查一遍。」我腦中的畫面很清楚，但我的符號處理卻鬆散許多。時間不多了，每一秒的準備都很重要，我得在時間到之前盡可能詳細演練最多問題。

這對MIT學生來說是司空見慣的事。複雜的方程式、抽象的概念、困難的證明，都是全球最負盛名的數理科學教育中再尋常不過的一部分。只是我並非MIT的學生。事實上，我連麻州都沒去過。

這一切都發生在我加拿大溫哥華的臥房裡，距離麻州四千公里之遙。而雖然MIT學生一般會用整整一學期來修習完整的微積分課程，但我是在五天前才開始的。

我的MIT挑戰

我從未上過MIT。我是在加拿大的曼尼托巴大學念商學系，那是一所排名中等且我負擔得起的大學。

從商學系畢業後，我覺得自己好像選錯主修了。我學商是爲了成爲企業家，以爲那是自己當老闆的最佳途徑；四年後，我發現商學院主要是爲了想進入大企業、灰西裝與標準作業流程世界的人所設的先修學校。相較之下，資訊科技卻是眞正能讓你學會製造東西的科系。程式、網站、演算法與人工智慧，是我剛開始創業時最感興趣的事，而我也正在苦惱該怎麼辦才好。

我想，我可以回學校，重新申請入學，再花四年努力拿到第二個學位。但申請學生貸款、浪費五年生命，再經歷一次大學官僚制度與規則，似乎不是很吸引我。我想，一定有更好的方式能讓我學到想學的東西。

大約就在那時，我偶然發現網路上有一門MIT課程。那門課有完整的上課錄音、作業與問答，甚至還提供眞實課程中使用的考題與解答。我決定試著上課。令我驚訝的是，我發現那門課比我在大學裡花數千美元上的大多數課程，都要有趣得多。上課內容不但精練，教授很投入，教材也很吸引人。

進一步探究之下，我發現這不是ＭＩＴ提供的唯一免費課程。ＭＩＴ上傳過取自數百堂不同課程的教材。我心想，這會不會是我問題的解方？如果任何人都能免費學習某一門ＭＩＴ課程內容，是否也有可能學到整個學位的內容？

於是我開始一項爲期將近六個月、稱之爲「ＭＩＴ挑戰」的密集研究計畫。我查詢ＭＩＴ資訊科學系的實際課程，也把ＭＩＴ在網路上提供的資源與那份課程表做了比對與比較。可惜的是，說的比做的容易多了。原意是用來上傳課程教材的「ＭＩＴ開放式課程」平台，從未打算成爲上大學的替代品。有些課程就是不會提供也不須開放替代課程，有些課程的教材則缺乏到令我懷疑是否可能把課上完，像是教導如何用電路與電晶體，從草圖開始打造一部電腦的必修課程之一「電子運算結構」，就沒有上課錄音或指定教科書。

要學習課程內容，我就得破解一張幻燈片上寫的抽象符號，而那張幻燈片原本是搭配上課內容用的。遺漏的教材與模稜兩可的評估準則，代表跟一名ＭＩＴ學生上一模一樣的課是不可能的。然而，或許有個較簡單的可行方法：只設法通過期末考。

這個聚焦於期末考的方法，後來擴展成包含學習有期末考的程式設計課程，也就構成了一個ＭＩＴ學位的骨幹，能涵蓋大多數我想學習的知識與技能，而且沒有任何不必要的東西：沒有強制出席規定，沒有作業繳交期限。只要我做好準備，隨時都可以參加期末考；若我碰巧有一科不及格，也可以重考另一科。突然間，原本看似的缺點——沒有實際進入MIT的管道——卻成了一大優勢。我只須用一點點的費用、時間與限制，就能學到近似一名MIT學生所受的教育。

爲了進一步探索這種可能性，我用這套新方法去測試一門課。我沒有出門進教室裡上排定的課，而是以兩倍速觀看下載的上課影片。與其嚴謹地做完每項作業，然後等待幾星期才知道我的成績，我可以一次解一道題目，來測試自己對教材的了解程度，從錯誤中快速學習。運用這些與其他方法，我發現自己能在短短一週內勉強上完一門課。快速計算一下，加上一些誤差空間，我認定應該有可能在一年內完成剩下的三十二門課。

雖然此事始於一項個人的追求，但我也開始看出在小小計畫之外，還存在更大的意義。科技已經讓學習變得前所未有的容易，然而學費卻不斷暴漲。四年制的大學學位，曾是找到一份好工作的保證，如今卻連敲門磚都談不上。你不太可能偶然學到熱門職業所需的複雜技能，不只是程式設計師，還包括經理人、創業者、設計師、醫師，以及幾乎所有其他行業，所需的知識與技能都在快速增加中，許多人都在奮力跟上腳步。在我心中，我感興趣的不只是資訊科學，也想知道這世上是否可能存在一種方法，可以精通工作與生活中需要的技能。

當我的注意力再次飄向窗外正在形成的風景，我想著這一切是如何開始的。我想起大約三年前，要不是我有機會在另一塊大陸上，偶遇一名熱情但不喝酒的愛爾蘭人，根本不可能開始嘗試我的古怪小實驗。

三個月說出一口流利外語

「我討厭的只有巴黎人，不是法國人。」班尼．路易斯（Benny Lewis）在巴黎市中心一家義大利餐廳裡對我發洩不滿情緒。

路易斯是個素食者，總是不太適應這個以韃靼牛肉與鵝肝醬聞名的國家。他正吃著一盤香辣番茄筆管麵，那是他在義大利一家青年旅舍工作時發現的最愛。

路易斯用流利法語抱怨著，不太在意是否有當地人碰巧聽見。他的不滿源自於他在巴黎一家工程公司擔任一年實習生，那段日子十分枯燥乏味，他也難以適應法國最大城市惡名昭彰的工作要求與社交生活。儘管如此，他知道自己不該太過挑剔，畢竟多虧有那次經驗，才讓他毅然決然脫離工程師職涯，開始環遊世界，學習語言。

我是在陷入人生低潮時認識路易斯的。當時我參加交換學生計畫，住在巴黎。我帶著很高的期待離家，希望那一年結束時，就能輕鬆說法語，但事情並未朝我想要的方向發展。我大部分朋友都跟我說英語，包括法國朋友，我開始覺得一年的時間好像不夠。

我跟一位家鄉朋友抱怨時，他表示曾聽說有個人在各國旅行，自我挑戰在三個月內學會一種新語言。

「胡扯！」我帶著明顯的嫉妒駁斥。我沉浸在法語環境好幾個月了，還是很難跟人自在聊天，而這傢伙竟然只想花三個月就辦到。儘管心存懷疑，我知道自己仍需要認識路易斯，看看關於語言學習，他是否知道些什麼我不知道的事。寫了一封電郵、搭了趟火車之後，路易斯和我就見到面了。

「永遠要有挑戰的目標。」路易斯分享他的人生忠告。此刻，他正帶著我在巴黎市中心來場午餐後的小旅行。路易斯早先對巴黎的排斥感開始軟化，我們從聖母院走到羅浮宮時，他還懷念起自己在這座城市實習的日子。我後來才知道，他強烈的個人意見與熱情態度，不僅能激起他的欲望，接受充滿野心的挑戰，也可能爲他惹上麻煩。他曾在一名移民官員拒絕延長他的簽證時，在外頭跟朋友用葡萄牙語咒罵她、又剛好被她聽見後，遭到巴西聯邦警察拘留。諷刺的是，他的簽證遭拒簽，是因爲對方不相信他在巴西停留這麼短的期間內，就能把葡萄牙語說得這麼好，她懷疑他暗地裡想移民巴西。

我們繼續走到了艾菲爾鐵塔前的廣場，此時路易斯分享了他的方法：從第一天就開始說當地語言；別害怕跟陌生人說話；開始時先使用會話書，把正式學習留到以後再說；利用視覺記憶法來記憶單字。

令我大感衝擊的不是方法，而是他運用那些方法的勇氣。當我膽怯地試著學習一點法語，一邊擔心說錯、又對自己的單字量不夠感到不好意思的同時，路易斯卻毫不畏懼，直接投入會話中，並為自己設下看似不可能達成的挑戰目標。

那方法對他很管用。他已經可以說流利的西班牙語、義大利語、蘇格蘭蓋爾語、法語、葡萄牙語、世界語與英語，最近在捷克待了三個月，捷克語也達到可以會話的程度。但最吸引我的是他正在計畫的最新挑戰：只花三個月就能說流利德語。

嚴格說來，那並非路易斯第一次學德語。他在中學時曾上過五年德語課，也曾兩度短暫造訪德國。然而，就跟許多在學校學外語的學生一樣，他還是無法開口說德語。他不好意思地承認：「若我想吃早餐，甚至無法用德語點餐。」即使如此，由超過十年前上過的課所建立的未使用知識，仍可能使他的挑戰比從零開始要來得容易些。為了補償減低的難度，路易斯決定提高賭注。

一般而言，他會挑戰三個月後到達一種語言相當於B2級的程度。歐洲語言共同參考架構（Common European Framework of Reference for Languages，簡稱CEFR）把B2級——從A1開始到A2、B1，以此類推的六級中的第四級——描述為中上程度，意即說話者「能與母語者進行一定程度流利且自然的對話，而雙方不致詞窮」。然而，針對德語挑戰，路易斯決定設法通過目前最高的考試等級：C2。這個程度代表對語言完全精通，要到達C2程度，學生必須「能輕鬆理解幾乎所有聽到和讀到的訊息」，且「能即時而自然地表達自我，流暢而準確，即使在最複雜的狀況下，都能分辨意義上較細微的差異」。主考機構歌德學院建議至少要接受七百五十小時的教學，還不包括課堂外的大量練習，才能到達這個基準點。

幾個月後，路易斯跟我回報他的計畫成果。他以毫釐之差，沒達成通過C2級考試的目標。他通過了考試五道門檻中的四道，但沒通過聽力測驗單元。「我花太多時間聽廣播了，」他自責地說，「我應該做更多聽力測驗練習才對。」以三個月的高強度練習達到說流利德語的目標難倒了他，雖然他差一點就達到，但成果已經很驚人了。

在我第一次遇見這位精通數國語言的愛爾蘭人之後的七年間，他持續在其他六個以上的國家進行三個月說外語挑戰，在他的語言技能表上增列了阿拉伯語、匈牙利語、中文、泰語、美國手語，甚至克林貢語（電影《星際爭霸戰》發明的外星語言）。

那時我還不明白、但如今已了解的是，路易斯的成就一點也不罕見。光是在語言成就的範圍，我就遇過能說四十幾種語言的超級多語通、能在數小時的學習後就開始說出之前不懂的新語言的人類學冒險家，以及許多跟路易斯一樣飛過一個又一個國家、精通新語言的旅行者。

我也發現，這種有著不可思議成果的全力以赴自學現象，並不只局限於語言。

什麼問題都考不倒

「《桂河大橋》是什麼？」羅傑．克雷格（Roger Craig）匆忙地在他的螢幕上潦草寫下這個問題。雖然起初笨拙地想把那部電影名稱的最後一個字寫清楚，但他最後還是答對了。他贏得了七萬七千美元，當時《危險邊緣》❶節目史上最高的單日獎金。

克雷格的勝利並非僥倖。他二度打破紀錄，累積了將近二十萬美元的獎金，也是史上最多的連續五次比賽贏家。如此功績本身就已非比尋常，但更令人不可思議的是他的方法。回想那一刻，克雷格說：「我的第一個想法不是：『哇，我剛剛贏了七萬七千美元！』而是：『哇，我的網站真的有效！』」

要如何準備一場可能問出任何問題的考試呢？那正是克雷格在準備比賽時要面對的根本問題。《危險邊緣》就是以用冷知識來考倒觀眾聞名，節目中會提出各種問題，從丹麥國王到達摩克利斯❷等都有可能。因此了不起的《危險邊緣》贏家通常都是非常聰明的萬事通，畢生都在累積大量需要的事實知識資料庫，才能回答任何主題的題目。

爲《危險邊緣》節日而學習感覺像是不可能的任務，因爲你必須研讀幾乎所有想像得到的科目。然而克雷格的解決方案是，重新思考獲取知識的過程。爲了達到這個目的，他建立了一個網站。

「每一個想在一場比賽中獲得成功的人，一定要練習那個比賽。」克雷格主張，「你可以隨意練習，也可以有效率地練習。」爲了累積打破紀錄所需的廣大範圍冷知識，他決定毫不留情地分析他獲取知識的方式。本身就是電腦科學家的他，決定從下載《危險邊緣》曾播出的每一集節目中的無數問題與答案開始。他花了好幾個月在空閒時用那些問題來自我測驗，然後，當他確定會上電視，便轉而把所有時間都用來以那些問題積極練習自我問答。接著，他應用文本分析軟體技術，把問題分成不同的主題，例如

---

❶《危險邊緣》（*Jeopardy!*）是美國頗受歡迎的益智問答節目，考題涵蓋無數領域。而該節目特殊之處是，主持人會提出正確答案，參加者則要找出正確的問題。克雷格是該節目單日贏得獎金最多的紀錄保持者。

❷ Damocles，希臘傳說人物，是古希臘西西里島統治者狄奧尼修斯二世的朝臣，因常對狄奧尼修斯二世享有的權力與財富表達羨慕，狄奧尼修斯二世便提議兩人交換身分。當他坐上王位享用美酒佳餚、酒酣耳熱之際，抬頭卻看見一把僅以一根馬鬃毛懸吊在上的寶劍。狄奧尼修斯二世以此劍表示，即使擁有如此權勢財富，也得處處提防想殺害他的人。達摩克利斯立即失去了對美食和美女的興趣，不想再擁有如此高的權位了。

藝術史、時尚與科學。他還利用資料視覺化的方法，詳細找出自己的強項與弱項。文本分析軟體區分出不同的主題後，他把那些主題想像成不同的圈圈，從圖表上各個圈圈的位置，便可看出他對那個主題有多在行，像是位置較高的圈圈就代表他對那個主題懂得較多。圈圈的大小則指出那個主題的出現頻率，較大的圈圈領域就比較常出題，因此也是更進一步學習的較佳選擇。

在節目的多元性與隨機性背後，他開始發現有隱藏的模式可循。節目中有些線索是「每日翻倍」題，可讓參賽者的積分加倍，或失去所有分數。這些極度珍貴的線索或許看似隨機放置，但動動手指就能查到整個《危險邊緣》題庫的克雷格，卻發現它們出現的位置有特定傾向。參賽者可以透過在不同類別的選題中跳來跳去，並聚焦於高分的線索，打破固守在單一類別、直到答完所有題目的節目傳統玩法，來找出珍貴的翻倍題。

克雷格也在問題的類型中發現節目出題的偏好。雖然《危險邊緣》可以問任何主題的問題，但比賽的設計原意是爲了娛樂觀眾，而非挑戰參賽者。依此道理，克雷格發現他可以靠學習一個類別中最廣爲人知的冷知識，而非深入研究任何特定方向來成功過關。若出現某個指定主題，他知道答案會傾向最廣爲人知的例子。

透過分析自己在題庫上的弱點，他也能看見自己需要加強學習哪些主題才具有競爭力。例如，他發現自己在時尚方面很弱，便專注於更深入研讀那個主題的知識。

利用分析法來找出該學習什麼只是第一步。從那裡開始，克雷格又利用間隔式重複（spaced-repetition）軟體來極大化他的學習效率。間隔式重複軟體是一種先進的快閃記憶卡演算法，最早是由波蘭研究員皮奧特．沃尼亞克（Piotr Woźniak）於一九八〇年代研發而成。沃尼亞克的演算法是爲了發揮時間的最佳效益而設計的，可用於當你需要靠複習來牢記資料時。如果面對的是個大型事實資料庫，大多數人都會忘記剛開始學到的東西，必須反覆地自我提醒，才能停留在長期記憶中。這種演算法即透過計算出複習每件事實的最理想時刻，來解決這個問題，如此你就不會浪費精力在過度練習同樣的資訊，也不會忘記你已經學過的東西。這種工具讓克雷格得以有效率地記住獲得勝利所需的數千件事實。

雖然《危險邊緣》每天只播出一集，但他們一次會錄製五集節目。克雷格連續贏了五場比賽後，回到他的旅館房間時，根本睡不著。他說：「你可以模擬那個比賽，但你無法模擬五個小時內贏得二十萬美元，還創下一個比賽節目的單日紀錄，而且那是你從十二歲開始就一直想去上的節目。」結合非傳統戰術與全力以赴的分析，他成功登上那個比賽節目並贏得勝利。

克雷格並非我唯一發現是因爲全力以赴的自學而看見自己命運改變的人。當時我並不知道這一點，但在二〇一一年，也就是我的MIT挑戰計畫開始的那一年，艾立克·巴隆（Eric Barone）也正開始投入自己著迷的事。然而，跟我的計畫不同的是，他的努力要延長至將近五年，且需要精通許多截然不同的技能。

從只領最低薪資，到成為百萬富翁

巴隆才剛從華盛頓大學塔科馬分校資訊科學系畢業，他想：我的機會來了。他早就決定要打造自己的電玩遊戲，而在他滿足於一份支薪的程式設計工作之前，現在正是他爲那件事做些什麼的時機。他已經有靈感了，他要用他的遊戲向《牧場物語》（*Harvest Moon*）致敬。

《牧場物語》是一系列迷人的日本遊戲，玩家必須建造一座成功的農場：種植作物、飼養動物、探索鄉間，以及與其他村民建立關係。

「我好愛那款遊戲，」巴隆說著他兒時玩那遊戲的經驗，「但它其實可以做得更好。」他知道若沒有把自己的夢想執行出來，那個更好的版本永遠不會實現。

然而，想發展一款在商業上成功的電玩遊戲並不容易。一家頗具規模的3A遊戲公司會爲他們的頂尖產品投注數百萬美元的預算、雇用數千人。需要的人才也很廣泛：

遊戲開發需要程式設計、視覺藝術、音樂作曲、寫故事、遊戲設計，以及更多其他技能，視要開發的遊戲類型與風格而定。所需技能的廣度之大，使得開發遊戲對較小的團隊來說，比從事其他像是音樂、寫作或視覺藝術之類的藝術形式要困難許多。即使是天賦異稟的獨立遊戲開發者，通常也必須與一些人合作，以含括所有需要的技能。然而，巴隆卻決定完全靠一己之力來開發他的遊戲。

獨力完成的決定是來自於一份個人對夢想的承諾，以及一份不屈不撓、相信自己能成功開發遊戲的自信。「我喜歡完全掌控自己的夢想。」他解釋，就那個設計而言，也「不可能找到跟我想法一致的人」。然而，那個選擇代表他必須一人分飾多角，變成遊戲程式設計、音樂作曲、像素藝術、音效設計與寫故事的專家。這不只是一項遊戲設計計畫，巴隆漫長的探索之旅中，將需要精通遊戲設計的每一個部分。

像素藝術是巴隆最大的弱點。這種藝術風格要追溯到電玩遊戲早期，那時在速度緩慢的電腦上很難描繪圖像。像素藝術不是用流暢線條或逼真紋理做成的，一幅引人注目的影像必須透過一次放置一個像素，也就是組成電腦圖像的色點創作，那是痛苦且困難的工作。一名像素藝術家必須透過一個個方形色塊網格，來傳達動作、情緒與生命。

巴隆喜歡塗鴉與畫畫，但那不足以讓他有能力應付像素藝術創作的困難。他必須「徹底從零開始」學會這項技能。要讓他的藝術技巧達到商業水準並不容易。「大多數作品我一定重複做三到五次，」他說，「至於角色的圖像，我至少做了十次。」

巴隆的策略簡單但有效：他藉由直接畫他想用在遊戲中的圖像來進行練習。他批評自己的作品，並拿來跟他欣賞的藝術品做比較。「我試著用科學方法來拆解它。」他解釋道。看著其他藝術家的作品時，「我會問我自己：『我為何喜歡這個？為何不喜歡那個？』」他也透過閱讀像素藝術相關理論，以及尋找能填滿他空白知識的私人教師，來增強自己的練習。當他在技巧上遭遇困難時，便加以拆解：「我問自己：『我想達到的目標是什麼？』再問：『我可以如何達到？』」在他設計遊戲期間，某一刻他忽然覺得顏色太黯淡無趣了。「我希望顏色是能跳出來的。」他說。於是他又去研究色彩理論，並熱切研究其他藝術家如何用顏色來讓事物在視覺上感覺更有趣。

像素藝術只是巴隆必須學習的單一層面。他還為他的遊戲創作所有音樂，從零開始一再重來，以確保音樂符合他的高度期待。全部的遊戲機制，若無法達到他的嚴格標準，就算完成了也會作廢。

這個直接練習與重做的過程，讓巴隆對於遊戲設計的所有層面越來越擅長。雖然延長了完成遊戲所需的時間，但也讓他完成的產品，得以與由一支專業藝術家、程式設計師與作曲家團隊創造出來的遊戲一較高下。

在五年的開發過程中，巴隆也避免從事電腦程式設計師的工作。「我不想涉入重要的事，」他說道，「我沒有那個時間，我想盡可能做好遊戲開發。」他反而跑去當電影院或劇院的引座員，賺取最低薪資，這樣他才不會分心。從工作中賺得的微薄薪水，加上女友的資助，讓他得以在專注於自己的熱情時勉強過活。

巴隆那份對專精技藝的熱情與奉獻精神得到了回報。他在二〇一六年二月發表了《星露谷物語》（*Stardew Valley*）。這款遊戲很快就成了暢銷黑馬，銷量超越電腦遊戲銷售平台Steam上許多大公司的產品。巴隆估算，在發表後的第一年，《星露谷物語》已在多個遊戲平台賣出超過三百萬份。數月之內，他從一個只領最低薪資的無名設計師，搖身一變成為百萬富翁，還被《富比士》雜誌選為遊戲開發界的「三十位三十歲以下明星」之一。

巴隆對於專精相關技能的全心奉獻，在這次成功經驗中扮演重要角色。電子遊戲專業網站Destructoid在其報導《星露谷物語》的文章中，形容這款遊戲「極其令人喜愛且美麗」。

巴隆對夢想的承諾與全力以赴的自學，獲得了漂亮的成功。

學會任何想學習的事

場景拉回我狹小的公寓，我正在計算ＭＩＴ線上課程數學考試成績。考試很難，但看來我似乎是通過了。我鬆了口氣，但還不能鬆懈。下週一，隨著一門新課程的開始，一切又會重新來過，而我還有將近一年的時間要熬。

隨著時序轉變，我的策略也跟著改變。我從試著在幾天內上完一門課，改成花一個月的時間同時上完三到四門課。我希望那可以讓學習延伸至一段較長的時間，並減少一些死背硬記的負面效應。進展較快時，我也會放慢速度。剛開始的幾堂課，我很積極匆促地上完，如此才能按進度跟上我自己設定的截止期限；等到看來我可能完成得了，我就能從一週念書六十個小時，改成只念三十五到四十個小時。終於，我在二〇一二年的九月，「ＭＩＴ挑戰」開始之後不到一年，上完了最後一堂課。

完成這項計畫令我眼界為之大開。多年來，我一直認為深度學習的唯一方法，就是完成學業。完成這個計畫則教導我，不只這個假設是錯的，而且此一另類途徑可能更好玩、更讓人興奮。

在大學裡，我經常感到窒息，努力在無聊的課堂上保持清醒，撐著做完用來打發時間的作業，強迫自己學習沒興趣的事，只為了得到成績。因為這項計畫是我自己的願景與設計，因此我很少感到痛苦，即使經常充滿挑戰。那些科目變得鮮活且振奮人心，而非了無新意、必須完成的苦差事。我生平第一次感覺到，在正確的計畫與努力之下，我可以學會任何我想學習的事。可能性是無窮的，而我的腦子已開始想去學些新事物了。

之後我收到一個朋友的訊息：「你知道你上了Reddit的頭版嗎？」這個美國極受歡迎的電子布告欄式社群網站，發現了我的學習計畫，也引發許多討論。

有些人喜歡我的做法，但懷疑實用性：「可惜老闆們不會把這件事跟一個學位一視同仁，即使他擁有的知識跟正統教育的大學畢業生一樣多（或甚至更多）。」

一名聲稱是家軟體公司研發部門主管的網友，則不同意上述說法：「我才不在乎什麼學位，這正是我想要的人才。」

爭論激烈地進行著：我是否眞的完成這些課程？之後我能得到一份程式設計師的工作嗎？爲何要嘗試在一年內做到這件事？我是瘋了嗎？

那些最初蜂擁而至的關注，也帶來了機會：一名微軟的員工想幫我安排一次工作面試；一家新創公司邀請我加入他們的團隊；一家中國出版社給了我一份新書合約，要我跟困擾不已的中國學生分享念書訣竅。

然而，這都不是我進行ＭＩＴ挑戰的理由。我原本就樂於當網路作家，這份工作在我挑戰的過程中，給予我經濟上的支柱，之後我也會繼續寫作。我挑戰的目的不是爲了找到一份工作，而是想看見更多可能性。完成第一個大型挑戰後的短短幾個月，就有好多新想法在我腦中冒出來。

我想到多語達人路易斯，在這特立獨行的高強度自學世界中，他是我的第一個榜樣。遵循他的建議，我的法語最後到達中上程度。那段過程相當辛苦，我也很驕傲自己能克服最初被一群說英語的人圍繞的困難，學會了足以應付考試的法語。然而，完成MIT挑戰實驗後，內心湧起一股我在法國時不曾有過的自信心。要是我沒有犯上次的錯，情況會如何？要是我沒有先交了一群說英語的朋友，等法語夠好才奮力跳出那個圈圈，而是效法路易斯，從第一天就直接沉浸在法語環境中，又會怎樣？如果我像在MIT挑戰中一樣，全力以赴，盡可能積極有效地把學習一種新語言的一切都做到最好，我的法語可能會比現在好多少？

幸運的是，大約就在那時，我室友打算在回去念研究所之前，先休個假去旅行。我們倆一直都有存錢，如果把兩人的錢湊在一起，並用節省一點的方式規畫旅程，我想應該可以一起去做點刺激的事。

我告訴他我在法國的經驗：原本想學法語，同時也暗自相信會有更多可能性，但我抵達法國後，身邊的朋友圈都是不說法語的人，結果後來要離開舒適圈非常困難。

要是我不只是期待會有足夠的練習，而是完全不給自己留後路呢？要是你下定決心，從下飛機的那一刻開始，就只說你想學的語言呢？我朋友對此抱持懷疑態度。他親眼見證過我花一年時間念完MIT課程，雖然我的頭腦清不清楚還有待商榷，但其實是他對自己的能力不是那麼有信心。他不確定自己能做到，但他願意試試，只要我完全不期待他會成功。

那項我朋友與我取名為「不說英語的一年」計畫十分簡單：我們會去四個國家，每個國家待三個月。在各國的學習計畫也很明確：從第一天開始，就不說英語，無論是對彼此或對任何我們遇見的人。之後看看我們在旅遊簽證到期、必須前往下一個目的地之前，可以學到多少。

我們的第一站是西班牙瓦倫西亞。但剛降落在機場就遇到第一個障礙：有兩位迷人的英國女孩過來跟我們問路。我們彼此互看一眼，笨拙地吐出我們僅知的幾句西班牙語，假裝不會說英語。她們聽不懂，又用一種誇張的語調問了我們一次。我們結結巴巴地再回了幾句西班牙語，她們認定我們不會說英語，便沮喪地離開。看來，不說英語已經帶來了意外的後果。

儘管有個不祥的開端，我們的西班牙語能力提升得比我預期得要快很多。在西班牙待了兩個月之後，我們用西語與人互動的能力，就超越我在法國用半沉浸方式學習一整年達到的水準。

我們會在上午去上家教課、在家念點書，剩下來的時間就跟朋友出去玩、在餐廳裡聊天，並享受西班牙的陽光。儘管先前有所懷疑，我朋友也信服了這套學習事物的新方法。雖然他不像我那麼積極學習文法與單字，但到我們要離開時，他也能無縫融入西班牙的生活。這方法比我們原本期待的有效太多，如今我們都成了信徒。

我們繼續旅程，到巴西學葡萄牙語，到中國學中文，到南韓學韓語。在亞洲的任務確實比在西班牙或巴西困難很多。在我們的準備中，是假設那些語言只會比歐洲語言要難一點點，雖然實際上是難上許多。於是，我們開始打破「不說英語」規則，儘管我們還是盡可能實行。即使在短暫的停留後，我們的中文與韓語能力並未達到同樣的水準，但仍足以讓我們交朋友、旅行，以及與人進行各種話題的交談。

這一年結束時，我們可以很有信心地說，我能說四種新語言了。

看到同樣的方法，對學院裡的資訊科學與語言學習探險都有效之後，我越來越相信，這可以套用在更多地方。我小時候很喜歡畫畫，但就像大多數人曾嘗試過的，我畫的任何一張臉看起來都很奇怪而虛假。我總是很佩服能快速畫出一張人像素描的人，無論是路邊的漫畫家，還是專業的人像畫家。我心想，學習ＭＩＴ課程與語言的相同方法，是否也適用在藝術上？

我決定花一個月時間來提升畫臉能力。我發現，我的主要難題是把臉部器官畫在正確的位置上。例如，我畫臉時常犯的一個錯誤，就是把眼睛畫得太高。大多數人以為眼睛是位於頭部上面三分之二的地方，但事實上，是位在頭頂與下巴之間一半的位置。

爲了克服偏誤，我根據照片來畫出一張素描。然後用手機把那張素描拍下來，再把原始照片覆蓋在我的素描照片上面。我把照片弄成半透明，能讓我立刻看見頭部是否畫得太窄或太寬、嘴唇畫得太低或太高，或我是否把眼睛畫在正確的位置上。我這樣做了數百次，並採取在上MIT課程時，對我很有效的快速回饋法與其他策略，在很短的時間內，我畫人像的功力就變得好多了（見圖）。

發現超速學習者

表面上看來，路易斯的語言學習探險、克雷格的精通冷知識，以及巴隆的一人遊戲開發

之旅等挑戰相當不同，然而，它們都有一個共同點，我稱之爲「超速學習」❸。

當我挖掘更深，就發現更多故事。雖然他們學習的事物與原因有所不同，卻有著共同的脈絡，即追求極致、自主性的學習計畫，並利用類似的戰術成功完成那些計畫。

帕里納（Steve Pavlina）是名超速學習者。透過把大學課程表做最有效的安排，他以三倍的上課量，在三學期內修完資訊科學系學位。帕里納的挑戰遠早於我的ＭＩＴ課程實驗，也是讓我看見壓縮學習時間可能性的最初啓蒙者之一。不過，在沒有免費線上課程優勢的狀況下，帕里納是進入加州州立大學北嶺分校，並以資訊科學與數學兩個眞正的學位畢業。

強賽凱芮（Diana Jaunzeikare）則是展開一項複製電腦語言學博士學程的超速學習計畫。以卡內基美隆大學的博士學程爲衡量標準，她不只想上課，也想進行原創研究。她之所以會開始這項計畫，是因爲回到學術環境去取得一個眞正的博士學位，代表得離開她熱愛的Google工作。就像許多在強賽凱芮之前的超速學習者一樣，她的計畫就是在正式選項不適合她的生活型態時，爲塡補一個教育缺口所做的嘗試。

在線上社群協助下，許多超速學習者都是匿名工作，只有透過無法認證的論壇貼文才能看見他們的努力。一名只以用戶名「塔木」（Tamu）在中國論壇Chinese-forums.com上貼文的超速學習者，記錄了自己從零開始學中文的大量過程。專心投入

「每週七十到八十個小時以上」的時間，四個月後，他自我挑戰要通過漢語水平考試第五級（HSK 5），即中國難度第二高的漢語能力測驗。

還有些超速學習者則是擺脫了傳統考試與學位的框架。從二〇一六年初開始，福勒（Trent Fowler）展開爲期一年的努力，想成爲工程學與數學方面的專家。他把這個想法取名爲「STEM龐克計畫」，內容涵蓋STEM領域中的科學、科技、工程、數學知識，以及帶有復古未來❹的蒸汽龐克❺美學風格。福勒把他的計畫分成幾個單元，每個單元涵蓋一個特定主題，包括電腦、機器人學、人工智慧，以及工程，不過是以實用的計畫來推動，而非抄襲正式課程。

我遇過的每一位超速學習者都是獨一無二的。有人偏好嚴酷、全職的時間表，好

---

❸ 嚴格說來，最先使用「超速學習」這個說法的人是卡爾·紐波特（Cal Newport），我幫他的網站寫了一篇關於我最近完成的MIT挑戰的文章，他為那篇文章下的標題是：「十天內精通線性代數：超速學習的驚人實驗」。

❹ retrofuturistic，一種時尚藝術風格，呈現過去的人對未來的想像，例如六〇年代的科幻片，就是以那個年代的潮流服飾加上對未來的想像。

❺ steampunk，是一種流行於八〇至九〇年代初的科幻題材，多以維多利亞時代為背景，將蒸汽的力量無限擴大，虛擬出一個蒸汽科技至上的時代。過去蒸汽龐克的創作多是推崇科技的力量，現今則多著墨於對早期科技文化的懷舊與復古風格。

趕上自我設定的嚴格截止日，例如塔木；有人則利用兼職管理學習計畫，同時保留全職的工作與義務，例如強賽凱芮。有人把目標放在標準化考試、正式課程與贏得比賽等可供世俗衡量的標準；有人的計畫則無從比較。有些是走專業路線，只專注在語言或程式設計上；有些則是渴望成為真正的博學者，而去學習與自己專業差異甚大的技能。

儘管行事風格迥異，超速學習者仍有許多共同特徵：他們經常獨自工作，苦幹數月或數年，頂多只發表一篇部落格文章公開努力成果；他們對興趣容易產生偏執，對優化自己的策略很有企圖心，會激烈爭論圈內人才懂的方法孰優孰劣，像是交叉練習法❻、榨時卡門檻❼，或關鍵字記憶法。最重要的是，他們在乎學習。內在學習動機督促他們去處理高強度計畫，即使那經常要付出犧牲工作資歷或規律生活的代價。

我遇見的超速學習者通常彼此並不相識。我在寫這本書時，想歸納出在他們與我自己獨特計畫中的通則，想知道在除去所有表面的差異與特殊的個人風格之後，會留下什麼樣的學習建議。我也想從這些極端例子中，歸納出某些一般學生或專業人士也適用的方法。即使你還沒準備好嘗試，還是有些地方值得你參考，你能根據超速學習者的經驗，以及在認知科學的研究支持下，慢慢調整做法。

雖然超速學習者看似一群極端分子，裡頭學習事物的方法對一般專業人士與學生來說，其實仍具有相當的參照潛力。試想，要是有一種學習方法，能幫助你快速學會轉換到一個新的角色、計畫，甚至是職業所需的技能呢？要是你能像巴隆那樣，精通開發遊戲的每一項重要技能呢？要是你能像克雷格那樣，記下龐大主題的一切知識呢？要是你能學會一種新語言、模擬一個大學學位的課程，或精熟某件你目前看來似乎不可能學會的事呢？

超速學習並不簡單，過程困難又令人沮喪，你還得跨出覺得自在舒適的範圍之外。然而，你能成就的事，會讓一切努力變得值得。

就讓我們花點時間，試看看超速學習到底是什麼，這又與最常見的學習與教育方式有何不同。接下來會檢視這一切背後的法則，了解超速學習者如何藉此學得更快、更好。

---

❻ interleaving practice。指的是在兩個或兩個以上的科目或技能間交替練習，例如一般學習鋼琴時，會先練好音節，再練和弦、琶音，交叉練習則是輪流練習音節、和弦與琶音。

❼ leech threshold。一個名為「Anki」的智慧型間隔式字卡學習軟體中的一種機制，使用者反覆忘記的字卡，會被列入「榨時卡」，因為一直記不住那些字，會榨乾使用者時間。在該軟體中，「榨時卡門檻」是忘記八次。

第二章

超速學習爲何重要？

到底什麼是超速學習？雖然我介紹這麼多不同的高強度自學者，擁有多樣又非凡的學習成就，但若要進一步說明，便需要更簡潔的說法。以下是一個不完美的定義：

超速學習：一種獲取技能與知識的策略，兼具自主性與高強度。

首先，超速學習是一種策略。策略不是某個特定問題的唯一答案，但或許是個好答案。策略也經常適用於某些情況，但不適用於其他情況，因此使用策略是一種選擇，而非不得不從的命令。

其次，超速學習是一種自主學習。重點是你如何決定要學什麼，以及爲何要學。一個完全自主的學習者，仍可能決定進入學校就讀，認爲這是學習某件事最好的方式。同樣地，你也可以不用大腦地遵照教科書上的步驟，自己「教導自己」某件事。重點在於學習的主導者是誰，而非在何處學習。

最後，超速學習是高強度的。我認識的所有超速學習者，都會採取特殊步驟去達到最高學習效率。像是毫不畏懼地嘗試說一種你才剛開始練習的新語言、有系統地演練千萬個益智問題，還有反覆練習一種技藝直到臻於完美，這些都是很困難的心智工作，你可能會感到自己已達心智極限。與此相反的情況，是抱著玩玩的心態或方便優先的學習，像是因爲好玩而選擇某個語言學習軟體、被動地觀看電視上重播的益智節目，讓你不致覺得自己很笨，或只是玩票性質而不認眞練習。

高強度學習也可能產生一種順流而行的喜悅狀態，當你身在其中，挑戰的經驗會完全吸引你的注意，也會因此失去時間感。然而，就超速學習而言，深刻且有效地學習事物永遠是最優先考量。

以上定義大致涵蓋了我目前爲止討論過的實例，但仍是種無法令人滿意的概括說法。我碰過的超速學習者擁有多重特質，比這極簡定義所意味的還要多上許多。因此接下來各章，我會討論超速學習中常見且更深刻的法則，以及如何達成某些驚人成就。但在那之前，我想解釋爲何我認爲超速學習很重要，有些實例雖然看似古怪，但這套學習方法的好處卻很深刻且實用。

你應該超速學習的理由

超速學習顯然並不容易。你必須從繁忙的既定行程中騰出時間，你追求的目標還可能在心理、情緒，甚至體力上爲你帶來壓力。你被迫直接迎戰沮喪，不躲在較舒適的選項之下。考量會遇上的種種困難，我認爲清楚有力地說明爲何你應該認眞考慮採用超速學習法，是很重要的事。

第一個理由是爲了你的工作。你已經耗費大部分精力在工作賺錢，相較之下，即使你走到決心暫時放下工作，投入全部時間學習的地步，超速學習仍算是個小投資。快速學習困難的技能，比在工作上平凡地苦幹實幹多年，具有更大的影響力。無論你是想轉換工作跑道、接受新挑戰，或加速你的人生進展，超速學習都是一套有力工具。

第二個理由是爲了你的個人生活。多少人曾夢想能彈奏一種樂器、說一種外語，或是成爲一名廚師、作家或攝影師？你感到最幸福的時刻不會來自做簡單的事，而是發現你眞正的潛力，並克服你的自我設限。超速學習爲你提供一條道路，去掌握那些會爲你帶來深刻滿足感與自信心的事物。

雖然超速學習背後的動機並沒有時間限制，但一開始我們還是先來看看，爲何投資在掌握快速學習困難事物的技藝，對你的未來至關重要。

經濟因素：再見，平庸世代

套句經濟學家泰勒．柯文說的話：「再見，平庸世代。」在他的同名作品中，柯文主張由於日益增長的電腦化、自動化、勞務外包與區域化現象，我們的世界正變成頂尖人物的表現比其他人好許多。

「技能兩極化」對這股現象起了推波助瀾之效。眾人皆知，過去數十年間，美國所得不均狀況日益加劇，然而，這單一的描述忽略了一種更微妙的現象。MIT經濟學家大衛．奧圖（David Autor）已證明，不均現象並非反映在所有層面，反而集中在兩種極端：上層越來越高，底層越來越低。這點也符合柯文「平庸者正在消失」的理論，因爲所得光譜中的中間部分被壓縮到底層與上層。奧圖確定了科技在創造出這種效應上所扮演的角色：電腦化與自動化科技的升級，代表許多中階技能的工作，像是行政人員、旅行社代辦員、會計與工廠工人，已被新科技取代。他們的位置也出現新的工作，但那些工作通常屬於以下兩種類型之一：要不是工程師、程式設計師、經理人與設計師之類的高技能工作，就是店員、清潔工或客服人員之類的低技能工作。

全球化與區域化也助長了電腦與機器人所引發的工作趨勢。隨著中階技術性工作被外包給開發中國家勞工，這些工作也正在本地消失；通常需要面對面接觸，或是以文化或語言能力形式呈現社會知識的低技能工作，則可能持續存在。高技能工作也較能抵抗外移潮流，因爲有經營管理和市場結合的好處。想想蘋果所有手機的品牌理念：「加州設計，中國製造。」設計與管理留下，製造離開。由於某些表現卓越的企業與城市對在地經濟帶來重大影響，區域化便是此一效應的進一步延伸。香港、紐約與舊金山之類的明星城市，便因爲利用公司行號與人才聚集的群聚優勢，而對經濟具有主導能力。

這種現象會形成一幅可能荒涼、也可能充滿希望的畫面，關鍵在於你如何做出反應。荒涼的原因在於，那代表許多深植於文化、對成功中產階級生活方式必需條件的假設，正被快速侵蝕中。在中階技能工作消失的情形下，有基本的教育水準、每天努力工作，已不足以讓你成功；取而代之的是，你需要前進到必須不斷學習的高技能組，否則你會被推入底層的低技能組。

然而，在這幅令人不安的畫面之下，仍存有一線希望。如果你能快速有效地掌握學習新技能的個人工具，就能更成功地與人競爭。

經濟情勢正在改變，或許不是任何人能夠控制的，但我們能透過積極學習成功所需的困難技能，來精心策畫應變方式。

教育因素：學費太高了

社會對高技能工作日益迫切的需求，也增加了人們對大學教育的需求。只是，上大學已成爲一種沉重負擔，飆漲的學費使學生一畢業就得扛起數十年學貸，這在美國已成了一種新常態，再也不是任何人都承受得起費用高昂的高等教育。學費增加的速度又比通貨膨脹的速度要快上許多，這也代表你除非已準備好把受教內容轉換成薪水高很多的工作，否則這筆錢可能花得並不值得。

許多最好的學校與機構，都無法傳授給學生將來在新興高技能工作中成功所需的核心職業技能。雖然傳統上，高等教育一向是形塑心智與發展人格的地方，但那些崇高目標似乎越來越脫離現實，像是新一代大學畢業生所面臨的基本財務問題。因此，即使眞的讀完大學，在學校所學與職涯成功所需的技能之間，也經常有差距。當回學校念書並非負擔得起的選項時，超速學習可以助你塡補這種差距。

業界的快速改變，也代表專業人士需要不斷學習新技巧與能力，才能與時俱進。回學校念書對某些人來說是個選項，但對許多人來說卻遙不可及。多少人有能力讓人生喊停個幾年？而費盡全力完成的那幾年課程、學得的能力，最後或許可以、也或許無法涵蓋實務工作上須處理的狀況。由於超速學習是由學習者自己主導，會更適合多元的個人時間表與狀況，可以完全針對你需要學習的事物來安排，沒有任何浪費。

最後，重點並不在於超速學習是否適合成爲高等教育的替代品。雖然在許多職業中，擁有一個學位不只是件好事，也是法律上的要求，醫生、律師與工程師都必須有正式證書才能執業。然而，那些專業人士在離開學校後，也不可停止學習新知，也因此自學新科目與新技能的能力仍是必要的。

科技因素：學習的新領域

科技誇大了人性中的善與惡。我們的惡變本加厲，因爲各種好壞資訊如今可如此輕易地下載、方便攜帶，且在社會上傳遞。分心與自我欺騙的能力從未如此強大，你我正面臨隱私權與政治危機。

雖然這些危險眞實存在，但也有機會隨之而生。對知道如何聰明利用科技的人來說，這是人類史上最容易自學新事物的時代。比亞歷山大圖書館館藏還要龐大的資訊量，讓任何人都能以一部裝置與上網連線來免費取得。哈佛、ＭＩＴ與耶魯等頂尖大學，都在網上公開他們最好的課程，讓人免費上線觀看；論壇與討論平台則讓你不用走出家門，就能進行小組學習。

爲這些新優勢加分的，是能加速學習行動的軟體。想想學習一種像是中文的新語言吧！半世紀前，學習者需要查閱笨重的紙本字典，那也讓學習閱讀變成一場惡夢；今天的學習者有可以記憶單字的間隔式重複系統、按一個鍵就能翻譯的文件閱讀器、提供無限練習機會的大量播客書庫，以及讓人順利轉移到沉浸式學習環境的翻譯應用程式。此一科技上的快速轉變，代表許多學習舊科目的最佳方式尚未被發明或仔細應用。學習的可能性無邊無際，只等待有心的自學者想出新方法並加以開發。

不過，超速學習不一定需要新科技。接下來的篇章會討論到，超速學習其實已有一段很長的歷史，而許多知名人士都曾運用過某種版本的超速學習法。如今新科技更提供了不可思議的創新機會。我們仍有許多尚未探索完全的學習方式，藉由正確的科技創新，或許某些學習任務可以變得容易許多，或甚至可以淘汰了。積極且重視效率的超速學習者，將是精通新科技的先行者。

超速學習的三大幫助

經濟上技能兩極化的趨勢、飆漲的學費與新科技，都是全球性的現象。但對個人來說，超速學習的實際樣貌到底是什麼？我認爲主要有三種情況，可運用這一快速獲取困難技能的策略：加快你原有工作的發展、轉換工作跑道，以及在充滿競爭的世界裡培養出隱藏優勢。

想知道超速學習如何加快你原有的工作發展，可以參考蔻比．杜蘭特（Colby Durant）的例子。大學畢業後，她開始在一家網站設計公司工作，但想要有更快速的進步。於是她展開了學寫文案的超速學習計畫，採取主動並向主管展示她的能力後，得到升遷。透過選擇一項有價值的技能，並專注於快速培養熟練度，你就能加快原本的事業進程。

學習也經常是你想轉換工作跑道時的最大障礙。維沙爾．邁尼（Vishal Maini）很滿意他在科技界的行銷工作，但他夢想能更密切參與人工智慧的研究。可惜的是，那是他尚未具備的一門很深的專業技能。然而，經由一項精心設計的六個月超速學習計畫，他培養出夠強的技能，得以順利轉換領域，找到一份心儀的新工作。

最後，超速學習可以加強你已在工作中培養其他技能與長處。戴安娜．費森菲爾德（Diana Fehsenfeld）在她的家鄉紐西蘭擔任圖書館員多年，面臨政府裁員與她本業的快速科技化，她很擔心自己的專業經驗可能不足以跟上時代。於是，她進行了兩項超速學習計畫：一個是統計學與R程式語言，另一個是資料視覺化。擁有這些技能的人才在她這一行十分搶手，圖書館員背景加上學會的新工具，也讓她從前途渺茫變成不可或缺。

找工作、賺大錢之外，超速學習最可貴的一點

超速學習是因應瞬息萬變世界的一項強大技能，快速學習困難事物的能力會變得越來越有價值；盡可能地培養這種能力，即使一開始需要做些投資，但絕對值得。

不過在我遇見的超速學習者當中，專業上的成功很少是他們學習的主要動機，包括那些後來以新能力致富的人。推動他們前進的，反而是他們的夢想、發自內心的好奇，或甚至是挑戰本身。

巴隆默默耕耘了五年，不是爲了成爲百萬富翁，而是想打造出符合他夢想的完美電玩，一嘗滿足滋味。克雷格並不是爲了贏取獎金而參加《危險邊緣》，而是他從小就喜愛這個節目，希望參與其中。路易斯學習語言，不是爲了成爲專業譯者或受歡迎的部落客，而是他熱愛旅行，以及與沿路遇到的人互動。可以見得，最厲害的超速學習者，是那些結合了學習新技能的實用理由，以及因某件令他感到興奮的事而大受激勵的人。

超速學習還有一個附加好處，甚至超越了學得的技能本身：做困難的事，尤其是與學習新事物有關的事，會提升你對自我的認知，這能帶給你信心，相信自己或許做得到以前做不到的事。我完成「MIT挑戰」之後的感覺，不只是對數學與資訊科技有了更深的興趣，還拓展了一種可能性：如果這件事我做得到，那麼我還做得到哪些事，是

以前的我猶豫而不敢嘗試的呢？

學習的核心，在於開拓視野、看見之前看不到的事物，以及認出原本不知道存在於自身的能力。看著這些超速學習者密集與全心投入的努力模樣，我真說不出比開展這種可能性更崇高的理由了。若採用讓學習成功的正確方法，你可以學到什麼？你又能成爲什麼樣的人？

那麼天賦呢？

陶哲軒智商高達二三〇，二十四歲即當上美國加州大學洛杉磯分校數學系教授。從小就聰明過人的他，兩歲就自己學會閱讀，七歲就在上高中數學課，十七歲寫完他的碩士論文，題目是「右單基因與調和核產生的捲積運算」。之後，他拿到普林斯頓大學博士學位，贏得夢寐以求的菲爾茲獎（相當於「數學界的諾貝爾獎」），被視爲當今最厲害的數學天才之一。雖然許多數學家都是極端的專家，也就是只有在數學領域的某個特定分支中才能適應良好的稀有蘭花，但陶哲軒的發展卻是不尋常地多元。他經常與數學家合作，對大相逕庭的領域做出重要貢獻。這項精湛本領，讓一位同事將他的能力比喻爲「一位頂尖的英語小說家突然寫出最棒的俄文小說」。

此外，似乎沒有一個明確的說法可以解釋他的本領。他當然是早慧的，但他在數學方面的成功並非來自有企圖心的專橫父母強迫他去學習。他的童年都在跟兩個弟弟玩，用家裡的拼字遊戲板與麻將發明新遊戲，還有畫出奇幻世界的想像地圖。就是一般小孩會做的事。

他似乎也沒有特別創新的學習方法。如《紐約時報》上他的簡介所寫的，他是如此依賴自己的天賦才智，就連在取得博士學位時，他都是靠「一般人準備考試採用的策略：臨時抱佛腳」。雖然在到達他那個領域的顚峰之後，他就不再使用那個方法，但如此長久以來，他都能輕鬆完成課業的事實，只表明了他擁有一顆強大頭腦，而非某種獨特的學習策略。「天才」一詞雖被過度濫用，但以陶哲軒的情況而言，肯定會爲他貼上這個標籤。

陶哲軒與其他天賦異秉的學習者，爲超速學習的普遍性提出一項重大挑戰。如果像陶哲軒這樣的人，可以不靠積極或有創意的學習方法，就能擁有如此高的成就，我們又何須研究其他令人欽佩的學習者習慣與方法呢？即使路易斯、巴隆或克雷格的本領，並未到達陶哲軒那麼厲害的程度，但或許他們的成就也是因爲某種一般人缺乏的隱藏智力。若是如此，超速學習或許就是一件檢視起來很有趣的事，但不是你眞正可以複製的事。

把天賦放一邊

在超速學習上，天賦才能扮演了什麼樣的角色？在智力與天賦的陰影籠罩之下，要如何檢驗某人成功的眞正原因？對只想增進學習能力的平凡人來說，像陶哲軒這樣非凡的故事與表現，意義何在？

暢銷書《刻意練習》作家兼心理學家艾瑞克森主張，若想成爲專業級的表演者，除了身高與體型大小等無法改變的天生條件之外，特定的練習形式可以助你練就所需的大多數特質。其他研究者則對本質的可塑性較不樂觀。許多人認爲，一個人的智力有相當大比例、也可能是大部分，都是從基因而來。然而，若智力主要源自基因，爲何不就用基因來解釋超速學習者的成就，而是用對於超速學習者來說更有效率的方法或策略的使用？陶哲軒在數學方面的成就，似乎無法歸爲某件一般人可以輕鬆複製的事，那麼爲何能假定超速學習者的成功之道與他有所不同？

在先天的才智與後天的方法這兩種極端之間，我採取中立看法。我認爲天才是存在的，他們無疑會影響我們看到的結果，特別像是數學天才陶哲軒這些極端例子。我也相信策略與方法是重要的。我會在本書提出科學證據，證明改變學習方法就可以提升效率。只要妥善運用，書中的每一個原則都將使你成爲更好的學習者，無論你的起跑點是駑鈍或聰明。

因此，我爲本書採取的說故事方式，不會是試圖決定什麼是某人在智能上成功的單一原因。不只是因爲那不可能，也因爲那並不特別有用。我反而打算利用故事與趣聞，來描繪與獨立出你能做的、對改善學習方法最實際有用的法則。我提到的超速學習者，應該是作爲你用來了解如何在實務上運用一個原則的榜樣，而非一個你用相同努力就能達成相同結果的保證。

再忙也能超速學習

讀到目前爲止，你可能會想到另一個問題：你要如何騰出時間，進行高強度的學習計畫？你可能擔心這項建議並不適用於你，因爲你還得承擔工作、學校或家庭義務，無法全心全意投入學習。

不過，這在實務上通常不成問題。即使你必須處理其他生活中的義務與挑戰，仍有三大方法能實施超速學習：用一部分時間進行新計畫、休假時學習，以及重新思考目前努力學習的方法。

第一種方法是用一部分時間來超速學習。在最戲劇化的超速學習者成功範例中，他們通常會投入驚人的大量時間。即使效率一樣，一週花五十小時去執行一項計畫，一定比一週花五小時能成就的更多，因此最吸引人的故事，通常都有著誇張的時間表。雖然這一點能成就一個好故事，但對於你自己的超速學習計畫而言，並非必要。超速學習策略的核心是高強度，加上你的意願，無論是花上你全部的時間，或是每週只花幾小時，決定權完全在於你。正如我在第十章會討論的，就長期記憶而言，一份長期但分散的時間表可能更有效率。當你讀到本書中某個密集的時間表時，儘管把它改成適合你個人實際狀況的版本，在採用有著相同決心的高效率策略時，能搭配較為從容的步調。

第二種方法是趁上班與上學空檔來超速學習。我訪談過許多人都是在暫時失業、轉換工作跑道、休學或休假期間進行計畫。雖然為這些臨時狀況做計畫看似不太牢靠，但若你知道自己即將有這類休息空檔，或許正是最適合你進行一段短時間大量學習的良機。那也是我決定進行「MIT挑戰」的原因之一：那時我才剛畢業，把我原本的學生生活再延長一年，比增加為四年要容易一些。若今天我必須再試一次同樣的計畫，可能會用一段較長時間的夜晚與週末去做，因為現在我的工作時間，跟那時候從上學轉換到上班生活的空檔比較起來，已不再那麼有彈性。

第三種方法，是把超速學習原則融入你已投注於學習的時間與精力中。想想你上次讀過的商業書，或你上一次試著學西班牙語、陶藝或程式設計時。還有你工作上需要學習的新軟體呢？那些你得上完才能拿到證書的專業進修時數呢？超速學習不一定得是一項額外進行的活動，它也能活化你已花在學習上的時間。你要如何讓原本需要做的學習與研究，跟能助你高效學習的原則密切結合？

正如先前談及天賦時所說的，別讓那些極端例子阻擋你嘗試。我將與你分享的一切，都可以量身訂做或融入現有的學習之中。重要的是對有效學習的熱切、進取心與承諾，而非你時間表的細項。

每個人都能成為超速學習者嗎？

成功且高效地獲取困難技能的能力彌足珍貴。不僅如此，當前經濟、教育與科技的潮流，更加深了擁有這項技能與沒有這項技能的人之間的差異。不過在以上討論中，我或許忽略了最重要的問題：超速學習法或許價值連城，但那學得來嗎？超速學習者是否只是專屬於天才的代名詞，還是也能代表過去就算不是超速學習者，也確實有機會成爲這樣的人？

第三章

如何成爲超速學習者？

「我願意當超速學習的白老鼠。」蒙特貝洛（Tristan de Montebello）寄給我的一封電郵裡這麼寫道。我在七年前認識這位美法混血的音樂家兼企業家，差不多就是我遇到路易斯的同一時期。

蒙特貝洛留著一頭蓬鬆亂髮與剪得很短的鬍子，看來像是加州海邊的衝浪客。他是那種你立刻就會喜歡上的人：自信但很實在，除了極輕微的法國口音之外，他的英語說得非常好。多年來我們一直保持聯絡，我在進行奇怪的學習實驗，他則在世界各國到處飛，從與一家做訂製喀什米爾毛衣的巴黎新創公司合作，到變成一名浪跡天涯的吉他手，最後在洛杉磯落腳，擔任網站顧問，這裡離海灘近多了，非常適合他。這時他聽說我在寫一本有關學習的書，十分感興趣。

他那封電郵的來龍去脈是，雖然我遇到也記錄過許多完成了奇特與令人好奇的學習壯舉的人，但大多是事後才與他們會面。我是在他們成功之後才遇見他們，或聽說他們的事，而非之前；我觀察的是成功者，而非造就他們成功的實驗，因此很難確切看出超速學習這套方法有多可行。只要篩選過夠多小石子，一定能找到一點點黃金。我是否也一樣，想搜索特別的學習計畫？只要過濾夠多的人，一定會找到一些看似難以置信的對象。

如果超速學習具有我想像中的潛力，那麼在某人嘗試一項計畫前找到他，並觀察結果，應該會是很棒的記錄。爲了測試這一點，也爲了那些有興趣給超速學習法一次機會的人，我組織了一個大約十多人的小群組，大多是我部落格的讀者。蒙特貝洛便是其中之一。

成為跨領域的超速學習者

「學鋼琴如何？」蒙特貝洛提議道。雖然他對超速學習感興趣，卻不知道自己想學什麼。他原本就會彈吉他，也曾擔任樂團主唱。以他的音樂背景，學鋼琴似乎是相對安全的選擇。他甚至還設計過一門線上教授吉他的課程，多會一種樂器，也有可能拓展他的事業。

然而出於私心，我鼓勵他應該嘗試學習更不一樣、離他舒適圈更遠一點的技能——因爲已懂音樂的人去學另一種新樂器，似乎不是觀察超速學習能否被廣泛應用到各種領域的理想研究案例。

於是我們又提出更多想法。一、兩個星期之後，蒙特貝洛決定挑戰公開演說。雖然音樂人的背景讓他有過上台經驗，但除此之外，他很少有機會發表演說。他認爲公開演說也是個有用的技能，因此應該值得提升，即使努力之後沒什麼顯著成果也沒關係。

蒙特貝洛想變得擅長公開演說還有個私人動機。他一生中只發表過幾次演講，大都是在大學裡。他跟我詳述，有一次他去巴黎一家網站設計公司，對十幾個人演講的經驗：「每次回想那次經驗，我都覺得很尷尬。」他解釋道，「我只知道我跟他們沒有連結，有許多部分都讓他們覺得很無聊。在說一些笑話時，我會忍不住笑出來，但沒有人覺得好笑。」

身爲一名音樂人的蒙特貝洛，對於音樂演出的技巧能轉換到公開演說的部分「如此之少」感到驚訝。雖然如此，若能擅長公開演說，他看得出其中潛在的價值。「公開演說是一項綜合技能，」「可以協助發展許多其他技能，「像是自信、說故事、寫作、創意、訪談、銷售技巧，涉及好多不同領域的事。」帶著這樣的想法，他開始著手進行。

菜鳥超速學習者的第一步

蒙特貝洛選定了學習主題，卻不確定該如何學習。他決定去參加一場國際演講協會的聚會，那是個學習公開演講的組織。

幸運的是，這場聚會的其中一位出席者是麥可．簡德勒（Michael Gendler）。他是名資深演說家，而蒙特貝洛的才情魅力加上想變得擅長公開演說的熱切執著，說服他協助指導蒙特貝洛的學習計畫。再者，蒙特貝洛在世界演講冠軍賽報名截止日的十天前才報名，並取得參賽資格。關於這一點，蒙特貝洛在當時並未完全體會到幸運之處何在。

世界演講冠軍賽是由國際演講協會舉辦的年度賽事，採淘汰制，會員得先參加各分會比賽，一層層往上通關，直到剩下少數脫穎而出的人，才能站上決賽舞台。

蒙特貝洛只有一個多星期的時間可以準備。不過，那場比賽看似可以爲他的超速學習計畫提供一條可行之道，因此他全力以赴，接下來一週內馬不停蹄參加六場資格淘汰賽，終於趕在最後一刻完成最後一場演講。

蒙特貝洛狂熱地練習，有時一天內就有兩場比賽。他把每一場演講都錄下來，不停反覆分析可以改進的地方。每次演講完，他會詢問他人意見，也得到許多回饋。他的教練簡德勒則把他推離舒適圈更遠。有一次，在決定要修潤一份現有的講稿或是全部重擬時，蒙特貝洛問簡德勒該怎麼做，而簡德勒的答覆是，選擇對他來說最畏懼的那一個。

堅忍不拔的毅力督促蒙特貝洛走入不尋常的境界。他去上即興表達課來加強即興演講能力，在那裡他學會信任腦子裡的想法，且毫不猶豫地傳遞出來，這也讓他不再結巴或害怕呆站在台上。

他跟一位好萊塢導演朋友聊，請朋友提供意見。那位導演教導蒙特貝洛以不同的風格，像是憤怒、單調、嘶吼，甚至用唱饒舌歌的方式，來回演示講稿十多次，然後再回頭看看跟他用正常聲音說的時候有什麼不同。根據蒙特貝洛的說法，那幫助他破除了平常演講感覺有點不自然時，會產生的「恐怖谷」❶情緒。

另一位有劇場背景的朋友也教了他一些舞台演出的小撇步。他帶著蒙特貝洛從頭到尾檢視講稿，告訴他每一個字句是如何暗示出動作，而那些動作能被轉譯為他在台上要走到哪裡。現在蒙特貝洛可以優雅自如地移動，並用身體來傳達話語之外的訊息，而

---

❶ uncanny valley，最早由德國精神科醫師恩斯特．詹池（Ernst Jentsch）於一九〇六年提出，一九七〇年日本機器人專家森政弘又將此用來描述人類對似人面孔好惡感的增減模式。文中指的就是對陌生、違反常理事物的緊張不適感。

不再受制於聚光燈下。他甚至到中學演講，明知年輕人的回饋最爲直接無情，也無所畏懼。

在經歷恐怖的轟炸之後，他學到在上台前就要跟觀眾對話：要學習他們的語言、情感，並與之產生連結。如此一來，運用日前爲止學到的所有技巧，他就能快速調整他的演講方式，好確定能與新觀眾連結。

此外，簡德勒也毫不留情地督促他。「要讓我感到在乎。」簡德勒在聽完蒙特貝洛的一場演講之後，這樣提醒他，「我知道爲什麼這對你很重要，但觀眾並不在乎你。你得讓我感到在乎。」多種不同的建議與大量的練習，會讓人印象深刻地吸收課程內容，也讓蒙特貝洛的表現很快就優於先前在台上的笨拙。

一個月後，蒙特貝洛在他參加的地方分會賽勝出，打敗一名在演講協會有二十年經驗的對手。之後也贏得了區賽與部賽。最後，在第一次嘗試公開演說後不到七個月，他已準備去參加世界演講冠軍賽了。「每一年大約有三萬人參加比賽，」他特別補充，「我相當確定自己是史上最快達到這個成績的參賽者，要是我晚十天開始，就不能參加比賽，也無法締造這樣的紀錄了。」

最後他挺進了決賽的前十名。

從挺進決賽到徹底改變人生

「開始這項計畫時，我就知道這會是件大事。」蒙特貝洛在國際比賽中挺進前十名後的幾個月告訴我。「但我沒想到影響竟會如此巨大，這眞的徹底改變了我的人生。」進入世界演講冠軍賽的過程相當艱難，他卻是在事後才漸漸明白自己學到多少。「當時，我是爲了公開演說這單一領域而學習，後來才意識到自己還學了許許多多深度技能，包括說故事、自信心、溝通。」

聽說蒙特貝洛成功經驗的朋友們，開始詢問他能否協助他們改善演說能力。他與簡德勒看見了幫助他人增進公開演說技能的機會。那份需求是強烈的，甚至連演講費高達五位數的作家也開始來尋求他們的幫助，想看看能否用超速學習法提升公開演說能力。

他與簡德勒很快就有了第一個客戶，學費高達兩萬美元。簡德勒與蒙特貝洛並非貪圖錢財，而是只想鎖定那些他們眞正認同其傳達內容的演講者。但他們吸引到如此高社會地位的客戶是事實，這當然足以說服他們轉換跑道，轉爲全職從事公開演說指導工作。簡德勒與蒙特貝洛甚至決定把提供諮詢服務的公司取名爲「超速演說」，來向將這一切化爲可能的學習策略致敬。

蒙特貝洛的故事結局遠比我們倆期待的要戲劇化許多。他原本只期待能在密集練習幾個月後，發表一場很棒的演說，然後錄影下來，留下美好的紀念與學會一項新技能，但從沒想過竟能取得國際賽資格，最後還經歷一次完全的職涯轉變。

其他我花了時間指導進行超速學習的十多人當中，沒有如此戲劇化的例子。有些人放棄了，生活上的事阻礙了學習（或許也顯示他們並不眞如原本表現的那麼有決心）；有些人相當成功，即使沒有到達蒙特貝洛那樣的程度，但也各自在學習醫學、統計學、漫畫、軍事史與瑜伽上取得明顯進展。

讓蒙特貝洛與眾不同的，不是他認爲自己可以在六個月內從幾乎零經驗到成爲世界演講冠軍賽的決賽選手，而是他強烈的工作倫理觀。他的目標不是達成某種極致水準的表現，而是看自己能走到多遠。有時你就是會幸運地走上一條能帶你走得相當長遠的道路，但即使是超速學習的失敗版，也能讓你把一項技能學得相當不錯了，像是有些我花時間指導的團體成員，即使學習成果沒那麼戲劇化，但若他們堅持下去，結果還是能學到一項他們在乎的新技能。

或許你最後沒能參加世界冠軍賽或徹底改變職涯，但只要你堅持學習，一定能學到一些新事物。蒙特貝洛的例子教給我的，不只是你可以成爲超速學習者，而是那樣的成功完全不等於擁有某項特殊天才或天賦的必然結果。要是蒙特貝洛只選擇了學鋼琴，他對演講的印象，可能就僅只停留在巴黎那次尷尬經驗中了。

成為超速學習者的法則

蒙特貝洛的故事說明了成爲超速學習者是有可能的。但超速學習不是一種千篇一律的方法，每一人的每一個學習計畫都是獨特的，因此要達到精通程度所需的方法也有所不同。超速學習計畫之所以獨特，在於它能將一切要素一以貫之。若超速學習可以被約束或標準化，它就只是一種高強度版的制式教育；超速學習的有趣之處，也在於它難以被簡化爲循序漸進的公式。

雖然是一項艱難的挑戰，但我想先聚焦在基本原則。原則能讓你用制式配方或機械程序無法辦到的方式來解決問題，即使是你過去從未遇過的難題。舉例來說，如果你眞正了解物理原理，只要往回推算，就能解決新問題。原則能用以理解世界，而即使無法每次都確切有力地指出該如何解決一道特定難題，但能提供你大量指引。就我看來，透過一組簡單原則來執行超速學習的效果最好，而非努力複製貼上確切的步驟或程序。

超速學習的法則將是本書焦點。我會在每一章介紹一個新法則，輔以超速學習實例與科學研究證據來加以說明。最後，我會分享該法則可能顯化爲特定做法的方式。這些做法只是小小的樣本，但它們應該能提供你一個發揮創意去思考自己超速學習挑戰的起點。

本書共提出九個普遍法則，構成了超速學習計畫的基礎。每一個法則都體現出一個成功學習的特殊觀點，我也會描繪超速學習者如何透過他們在計畫中所做的選擇，來讓該法則發揮最大功效。這九大法則分別是：

1. **後設學習：先畫一張學習地圖。**一開始先學習如何學習你想進行的主題或技能，去弄清楚如何做好研究，以及如何利用你過去的能力，讓學習新技能變得更簡單。

2. **專心致志：把刀磨利。**培養專注的能力，可以助你在專注於學習時騰出更多時間，更容易放手去做。

3. **直截了當：走最短的路，勇往直前。**透過實際去做你想擅長的事來學習，不要用其他比較方便或舒服的任務來取代。

4. **反覆操練：直擊你最大的弱點。**要堅決改善你最大的弱點，把複雜的技能拆解成一個個小部分，然後精通每一部分，再組合起來。

5. **提取記憶：用測驗來學習。**測驗不只是評估知識，也是創造知識的方式。在你覺得有信心之前就自我檢驗，然後督促自己主動回想，而非被動複習。

6. **意見回饋：別閃避重拳。**回饋是嚴厲且不舒服的，要懂得如何利用它，別讓你的自尊心妨礙了你。從雜音中萃取出訊號，如此你就會知道哪裡該注意、哪裡該加以忽略。

7. **保留記憶：別往有漏洞的桶子倒水。**要了解你忘記什麼與爲何忘記，要學習不只是現在記得、也要永遠記得事情。

8. **培養直覺：先深掘，再累積。**透過遊戲以及對概念與技能的探索，來培養直覺。去了解「理解」是如何發生的，別仰賴廉價的記憶法把戲，來逃避深入理解事物。

9. **勇於實驗：往舒適圈外探索。**這些法則都只是起點，眞正的精通不僅來自遵循他人走過的道路，也來自探索他人從未想像過的可能性。

我是根據自己對超速學習計畫的觀察與我的個人經驗，來整理這九大法則，並盡可能參考龐大的認知科學文獻。我會從超速學習者自身開始說起。如果一個人用某種方式做某件事，可能是個有趣的實例，但也可能是那人的個人風格；如果好幾個人，或更好的是我遇見的每一位超速學習者，都用某種方式做某件事，就能更有力地證明是我偶然發現了一項通則。然後，我把那些法則與科學文獻做比對。有沒有什麼認知科學中的機制與發現，可以支持我所看見的做法？更好的是，是否曾有什麼對照實驗，比較了一種方法與另一種方法的不同?科學研究支持許多我親眼目睹的超速學習者利用的學習策略，這暗示了堅決專注於效率與成效的超速學習者，可能找到了一些學習技藝上的普遍原則。

在原則與做法之上的，是更廣大的超速學習精神。那是一種爲自己的學習負起責任的精神：決定你想學什麼、怎麼學，並精心策畫出個人計畫去學習需要學會的事。你是掌管全局的人，也是最終對你做出的成果負責的人。若你用那樣的精神去從事超速學習，應該把這些原則當成有彈性的指導方針，而非死板的規則。

良好的學習不只是遵循一組指令。你必須親自試驗，去努力思考你面對的學習挑戰的本質，並測試答案來加以克服。以此爲前提，就讓我們來看看第一個超速學習法則：後設學習，也就是學會如何學習。

第四章

法則1：後設學習——先畫一張學習地圖

如果說我看得比別人遠，那是因為我站在巨人肩上。

——牛頓

丹·艾佛瑞特（Dan Everett）站在擠滿人的禮堂前方。六十出頭、短小精幹的他，充滿自信地慢慢說話，稀疏的金髮與下巴的鬍鬚框住一張笑臉。他身邊的桌子擺滿各種物品，有棍子、石頭、樹葉、瓶罐、水果、一大壺水。他用動作示意現場聽眾，示範即將開始。

一名身材豐滿、有著深棕色頭髮與橄欖色皮膚的中年女子，從右邊的一扇門走近舞台。艾佛瑞特迎向她，用她聽不懂的語言跟她說了幾句話。她看著四周，顯然很困惑，接著猶豫地回答：「庫蒂波卡賈路。」他試著重複她剛剛說的話。一開始說得不太正確，但再試了一、兩次之後，她似乎就對他的複述感到滿意。他走到黑板前寫下：「庫蒂波卡賈路→『問候（？）』」

接著，艾佛瑞特拿起一小根棍子，並用手指著它，她正確地猜到他想知道「棍子」怎麼說，並回答：「穎金冬。」他再次走到黑板邊寫下：「穎金冬→棍子。」接著他嘗試拿起兩根棍子，得到了同樣的回答：「穎金冬。」然後他放手讓棍子掉落，那名女子看了之後說：「穎金冬崩冷。」

示範繼續進行，艾佛瑞特拿起物品、演出動作、聆聽女子的回答，然後把答案記錄在黑板上。他很快就完成簡單的命名任務，開始詢問較複雜的句子：「她喝水。」「你吃香蕉。」「把石頭放進瓶子裡。」對於每一個新的引導，他都進行實驗，寫出新句子，並測試她的反應，看他是否答對。不到半小時，就在超過兩張黑板上寫滿了名詞、動詞、代名詞與拼音。

在學習一種新語言（無論任何語言）的頭三十分鐘裡，用新語言來學會數十個新詞，是一個很好的開始。這種做法令人印象深刻之處在於，艾佛瑞特不可以說任何說話者與他都懂的共通語言，只能盡量鼓勵對方說出字詞，然後重複，去試著搞懂新語言的文法、發音與單字。他甚至不知道對方在說的是哪種語言（結果那名女子說的語言，是一種中國南方、越南與寮國部分地區說的苗族方言）。

艾佛瑞特是如何在沒有老師或翻譯、甚至不知道自己在學的是哪種語言的情況下，半小時內就能從零開始開口說一種新語言？而大多數人在中學時期學了好幾年的外語，卻要費時費力才能達到跟他一樣的學習效果。是什麼讓艾佛瑞特能以比你我快這麼多的速度學會單字、破解文法與發音？我們甚至還沒談到每個人本身條件的不同與限制！難道他是個語言天才嗎？還是有什麼蹊蹺？

答案就是超速學習的第一個法則：後設學習。

什麼是後設學習？

「後設學習」的英文是「metalearning」，其字首「meta」源自希臘詞語「μετά」，代表「之上」，意思是某事跟其自身「有關」，或處理的是一種層次較高的抽象概念。在這裡，後設學習指的是**學習關於學習這件事**。

舉個例子：若你正在學中文，你會學到「火」這個字的意思，這是一般的學習法。或許你也會學到，中文字通常是由某種稱爲「部首」的部件所組成，那也暗示只要看到某個字有這個部首，就與哪一類的事物有關。例如「灶」這個字的意思是「爐子」，左邊有一個「火」字，便暗示它跟火有關。學習中國文字的特性就是後設學習——不是學習你探究的主體本身（在這個例子裡就是字與詞），而是學習這個主體中的知識是如何建構與取得；換句話說，就是學習如何學習。

在艾佛瑞特的例子中，我們可以窺見隱藏在表面之下的後設學習龐大豐富知識。「好了，關於這個示範，我們注意到哪些事？」艾佛瑞特在他的簡短示範結束時，轉頭問聽眾。「那種語言的句子結構似乎是常見的『主詞—動詞—受詞』，」他繼續說道，「名詞上似乎也沒有任何複數記號，除非是在聲調上，而我沒聽到……這裡顯然有高低音，是否為聲調，仍有待分析。」從這些術語我們可以看出，當艾佛瑞特從他的對話者身上問到一個字或片語時，不只是機械式地模仿那些聲音，而是根據他多年學習語言的經驗，用理論與假設繪製一張那種語言使用方式的學習地圖。

除了他身為語言學家的龐大豐富知識之外，艾佛瑞特還有另一個學習訣竅，帶給他極大優勢。他示範的方法並不是他發明的，這被稱為「單語言實踐法」（monolingual fieldwork）的學習方式，最早是由艾佛瑞特的老師肯尼斯．派克（Kenneth Pike）發展而成、作為學習原住民語言的一種方法，透過一系列對物品與動作的認識，練習者得以拼湊出語言的樣貌。二〇一六年一部科幻電影《異星入侵》中，一位虛構的語言學家露薏絲．班克斯就是用這方法破解了一種外星語言，一些好萊塢媒體還特別報導這種語言學習法。

艾佛瑞特語言學軍備庫裡的兩大武器：一張呈現如何使用語言的詳盡地圖，以及一種達到流利程度的方法，讓他的成就比只是學會一些簡單句子來得大多了。在過去三十年間，他已成爲少數能說流利皮拉罕語的外來者，這是地球上最罕見與困難的語言之一，只有亞馬遜叢林一個偏遠部族的人才會說。

後設學習地圖的力量

艾佛瑞特完美展示了如何利用後設學習的力量，幫助你學新事物時可以學得更快、更有效。具有看出一個科目如何運作的能力，包括應該精通什麼樣的技能與資訊，以及有什麼可行的方法能更有效地辦到，可說是所有超速學習計畫的成功關鍵。後設學習便是以此方式形塑地圖，告訴你如何抵達目的地而不迷路。

要了解爲何後設學習如此重要，可參考以下研究的結果：在學習第三語言時，已學會第二語言的人是否占有學習優勢。這項研究在美國德州進行，研究人員安排只會說英語的單語者，與會說西班牙語和英語的雙語者，一起上一堂法語課。後續測驗的追蹤顯示，在學一種新語言時，雙語者的表現優於單語者。

研究結果並不讓人意外。法語和西班牙語都是羅馬語系，因此有英語當中沒有的共同文法與單字特徵，可以想像這對已會西班牙語的人而言是一項學習優勢。但更有意思的是，即使是在會說英語和西班牙語的雙語者當中，那些有上過西班牙語課程的人，在後來需要學法語時的成果也比較好。原因似乎是上課有助於形成該項研究提出的所謂「後設語言覺識」，也就是能夠思考語言使用、比較兩種或多種語言特徵，以及開發出不同的語言學習策略的能力。那是只用非正式上課的方法了解一種語言所無法辦到的。

這兩種雙語者之間的差異，歸根究柢大多是後設學習：一組人擁有那個語言的充分知識，但有上過語言課的那一組人，還擁有關於一種語言如何構成的知識❶。

後設學習的概念也不局限於學習語言。語言學習的例子通常比較容易研究，這是由於語言的後設學習與一般學習之間有清楚的分別，比方說，即使後設學習的架構相同，不相關的語言的內容，像是單字與文法，通常很不一樣；學法語單字對學中文單字雖然不會有太大的幫助，但是了解學習法語單字的機制與方法，可能也有助於學習中文。

在旅居四國、進行「不說英語的一年」語言學習計畫的過程當中，我朋友與我抵達最後一個國家時，「讓自己完全沉浸於新語言中從頭開始學習」差不多已成爲我們學新語言的一種慣例了。韓文的字詞與文法或許是全新的，但同樣的學習過程已進行過很多次。後設學習存在於所有科目，但從一般的學習中，通常比較難以獨立出來檢視。

如何畫出你的學習地圖？

現在你對於什麼是後設學習，以及這對超速學習有多重要，已有一些基本概念，那麼要如何利用它去取得優勢呢？有兩個主要方法：短期與長期。

就短期而言，你可以在一項學習計畫進行之前與過程當中，去做針對提升後設學習能力的深入研究。拜其高強度與自主性的本質所賜，超速學習有機會比一般學校教育的學習產生更大的變化。有絕佳的教材、一份對於需要學習什麼的自我認知，一套良好的超速學習計畫就有可能比正式教育學得還要快。

舉例來說，高強度的沉浸式語言學習效果，可能勝過長期的正規語言課程；進度極快的程式語言密集班能幫助學員達到的程度，可以讓他們比擁有一般大學學位的人更快爭取到工作。這是因為你可以針對個人確切的需要與能力，量身訂做你的學習計畫，避免學校採四年制一體適用課程的施教方法。不過，也是有做出不智選擇、最後得到更

---

❶ 就我們的目的而言，「後設語言覺識」與「後設學習」這兩個用語是可互換的。文獻中充滿了相關用法的「後設」用語，像是後設知識、後設認知、後設記憶、後設—後設認知等。

糟結果的風險。爲降低風險，對後設學習多做一點研究，正好能避免以上問題，還可能找出一些助你大大突破現況的學習訣竅。

就長期而言，你超速學習的經驗越多，整體後設學習技能的應用規模就會越大。你會知道自己的學習能力、如何用最好的方式安排你的時間與管理你的動機，你也會有處理常見問題的有效策略。你學會的事越多，就越有信心，你會更享受學習的過程，挫折感也更少。

在本章中，我要把大部分內容放在短期的研究策略上，因爲這對你的好處可能最大。不過，我這麼強調並不代表就削弱了後設學習的長期效應。超速學習是種技能，就像騎腳踏車，你投注的練習越多，就能學到越多做好那件事的技巧與知識。這份長期的優勢可能比短期的好處更重要，也最容易被誤認成我們在他人身上看見的聰明才智或天分。我希望隨著你越來越常練習超速學習，你會開始自動運用其中的種種技能，得以更快更有效地學習。

決定為什麼、做什麼，以及怎麼做

我發現以下方法很有用：把你爲某個特定計畫所做的後設學習研究拆解成三個問

題：「爲什麼？」「做什麼？」「怎麼做？」

「爲什麼？」指的是了解你的學習動機。若你明確知道爲何要學一種技能或科目，就可以省下大把時間，把你的計畫聚焦在對你而言最重要的事情上。

「做什麼？」指的是爲了成功，你需要取得的知識與能力。把事情拆解成概念、事實與程序，能讓你標出自己將面對的障礙，以及如何用最好的方法去克服。

「怎麼做？」指的是你在學習時將使用的資源、環境與方法。謹慎做出選擇，對整體學習成效會有很大幫助。

思考這三個問題後，再來分別深入了解，以及弄清楚你如何畫出自己的學習地圖。

回答「為什麼？」

第一個要試著回答的問題是「你爲什麼學習」，這也影響了你接下來該如何進行計畫。實際上，你挑戰的計畫，一定帶有功能性與本質性兩個主要動機的其中一個。

功能性的學習計畫，是帶著想達到一個不同的、非學習性成果的目的，而去進行的計畫。想想前文提及的費森菲爾德的例子，她在做了幾十年的圖書館員後，發現自己的工作快被淘汰了。檔案系統的電腦化與預算縮減，代表她必須學習新技能才能繼續占有一席之地。她做了一些研究，並斷定最好的方法就是對統計學與資料視覺化有更扎實的了解。在這個案例中，她不是出於熱忱才去學習，而是因爲相信這麼做有利於職涯。

本質性的學習計畫，則是你爲了學習內容本身而去進行的計畫。若你一直想學法語，即使你還不確定未來如何運用，這就屬於本質性的計畫。本質性計畫並不代表就是無用的，學會了法語，可能在以後你決定去旅行，或在工作上需要與某位法國客戶合作時對你有益。差別在於，你是因爲那個科目本身而學習，而非視之爲得到具體用處的手段。

若你正在進行的計畫大多出於功能性原因，那麼花點時間深入研究通常會是個好主意，這可以判定學習這技能或主題，是否眞有助於達成你的目標。我經常聽到對自己的生涯進展不甚滿意的人，認定去上研究所就是問題的解答。他們認爲，要是有一張商學管理碩士或文學碩士文憑，就會比較受雇主看重，自己也會擁有渴望的職涯。於是他們花兩年讀碩士班，累積了數千美元的學貸，才發現他們剛取得的文憑，其實不會讓自己得到比以前好很多的工作機會。

這裡的解決之道就是先做研究。在你開始之前，先確定學習某個主題是否可能帶來你想要的效果。

• 深入研究的好方法：專家訪談法

做此類研究的主要方法，就是跟已經達到你欲達成目標的人談一談。比如說，你想成爲建築師，並認爲精通設計技巧或許是可行的最佳步驟。那麼在你開始之前，跟某些成功的建築師談談，了解他們是否認爲你的計畫確實有助於達到目標，會是個好主意。

雖然這方法可以用在研究過程中的許多地方，但我發現這對檢查功能性計畫特別有用。如果你請教的對象不認爲你的學習計畫有助於達成目標，或認爲那沒有比精通另一項技能來得重要，這代表你的動機與計畫很可能是不一致的。

想找到專家並不如聽起來的困難。若你的目標跟職涯有關，就去尋找擁有你夢想職涯的成功人士，然後寫封電郵給對方。你可以在目前的職場、會議、研討會，或甚至是類似Twitter或LinkedIn的社群平台上搜尋。若你的目標與其他事物有關，你可以上與此主題相關的網路論壇。比方說，若你想學習程式設計，打造一款應用程式，你可以在網路上找到致力於程式設計或應用程式開發的論壇。只要找到似乎很懂你正在尋找的知識的活躍貼文者，寫電郵給他就可以了。

請教專家並安排一次會面也不是件難事，很多人卻羞於踏出第一步。有許多的人，特別是內向者很害怕向陌生人尋求建議，擔心自己會因爲擅自占用他人時間，而遭到拒絕、忽略，或甚至怒斥。然而事實上，那種狀況很少發生。多數專家都非常樂意提供建議，對於有人想要學習他們的經驗，也感到十分榮幸。

將重點放在寫一封簡單、扼要的電郵，說明你爲什麼跟他們聯絡，並請問對方能否撥出十五分鐘回答一些簡單問題。要把電郵寫得簡潔且不具威脅性，別要求需時超過十五分鐘的事，或要求持續的教導。雖然有些專家會很樂意那樣幫你，但在第一封電郵裡要求太多，不是個好的做法。

要是你想訪談的人跟你住在不同城市呢？在那種情況下，打電話或線上通話是很棒的選擇（講電話也可以避免面對面談話帶來的有害副作用。有女性曾告訴我，受訪者偶爾會將尋求學習建議的渴望誤解成想來場約會）。電郵在你需要時也挺有用的，但我發現，簡訊通常無法適切表達語氣，你常會感覺不到那個人對你計畫的看法。口氣冷淡或熱切地說這是「很棒的想法」，讓人感覺大不相同，但若只透過簡訊溝通，就會錯過這些細微的差異。

即使你的計畫是出於本質性動機，問「爲什麼？」也一樣很有幫助。多數你選擇去模擬的學習計畫，都是基於課程設計者認爲學什麼對你來說是重要的。若這與你的個人目標並不完全一致，最後可能花了大把時間，卻只學到不重要的事，或在眞正重要的事上學得不夠多。

回答「做什麼？」

一旦掌握了學習的理由，就可以開始看看你學習主題中的知識是如何建構起來的。最好的方法就是在一張紙上畫出三個欄位，分別寫下「概念」「事實」與「程序」三個標題，然後進行腦力激盪，想出所有你需要學習的事項。在此階段，這份列表是否完整或正確並不重要，以後都可以一再修正。你的目標是有一大略的初步了解，等到開始學習之後，若發現先前的分類不太對，隨時可以調整表格。

1.概念：在第一欄，寫下所有**需要了解的事**。概念是你需要用靈活的方式去了解、好讓其變得有用的想法，例如數學與物理，兩者都是強烈概念傾向的科目。有些科目則跨立於概念與事實的分水嶺，像是法律，有需要理解的法律原則，同時也有需要記憶的細則。一般而言，若某事需要被理解，而不只是記憶，我就會放到這一欄，而非放在第二欄的「事實」。

2.事實：在第二欄，寫下所有**需要記憶的事**。事實就是任何只要你能完全記住就足夠的事。不需要太深入去理解，只要你能在對的情況下記起來即可。例如語言，就是充滿了關於單字、發音，以及基本文法的事實。即使著重概念的科目，通常也包含一些事實——如果你在學微積分，會需要深入了解如何求導數，但或許只要記得一些三角恆等式也就夠了。

3.程序：在第三欄，寫下一切**需要練習的事**。程序是需要執行的行動，有時根本不必做太多有意識的思考。例如學騎腳踏車，幾乎完全是程序性的，基本上不涉及事實或概念。有些技能大部分是程序性的，有些則是含有某個程序性的要素，但仍有要記憶的事實與要理解的概念。學習一種語言的新單字需要記住事實，但發音則需要練習，因此屬於這一欄。

透過分析，畫出你的學習地圖

做完腦力激盪後，再個別標示出最具挑戰性的概念、事實與程序。這會讓你清楚了解什麼是最主要的學習瓶頸，並能讓你開始尋找克服困難的方法與資源。你可能認清學習醫學需要大量的記憶，因此可投資買一套像是間隔式重複學習軟體之類的系統；如果你要學數學，你可能認識到深刻理解某些概念將是棘手的問題，於是你可以考慮花時間跟他人解釋那些概念，好讓自己能眞正理解。知道瓶頸是什麼，能幫助你開始思考讓學習時間更有效率的方法，同時避開可能對達成目標不是太有幫助的工具。

通常這份較粗略的分析，就足以讓你前進到下一個研究階段，但經驗越多，你就能挖得更深。你可以審視想學習的概念、事實與程序的特徵，尋找更能有效掌握的方法。

比方說，當我開始進行人像畫挑戰，我知道成功主要取決於我能把臉部器官大小與位置畫得多精確。多數人無法畫出逼眞的臉，是因爲要是那些特徵有些微失去均衡（像是臉畫得太寬或眼睛畫得太高），以我們高度發展的人臉辨識能力，立刻就會覺得看起來不對勁。因此，我想到畫很多很多素描，然後把它們鋪在參考相片上來做比較的點子，那樣我不用猜測就能快速診斷出自己犯的錯。如果你無法做出這樣的預測，也還想不出這樣的策略，不用擔心，這是後設學習的長期優點，多做幾項學習計畫就能辦到。

回答「如何做？」

現在你已回答了兩個問題：你爲何學習，以及要學習什麼。此刻該回答最後的問題了：你要如何學習？

我建議用下列兩個方式，來回答自己要如何學習某件事：標竿學習法與強調／排除法。

・標竿學習法

開始任何學習計畫的方法，就是去找出人們學習那個技能或科目的共同方式。這能幫助你設計一個作為起點的預設策略。

假如我想試著學習某個學校有教的科目，像是資訊科學、神經學或歷史，我會做的一件事，就是查看學校裡用來教導那個科目的課程——可能是單一堂課的課程大綱，或是像我的MIT挑戰中整個學位的課程表。我想學更多關於認知科學的知識時，找到了聖地牙哥大學認知科學博士班列出的一份教科書書目，是特別推薦給沒有認知科學背景的新進學生讀的。採行這方法可考慮的絕佳資源就是大學課程（MIT、哈佛、耶魯與史丹福是很好，但絕非唯一的例子），查看他們針對現有學生設立的網站，就能取得通識課程的列表與課程大綱。

如果我想學習非學術性的主題或某種專業技能，可能會轉而上網搜尋之前學過那項技能的人，或利用「專家訪談法」來聚焦於要掌握那個主題的可用資源。花一小時上網搜尋，幾乎任何技能都找得到課程、文章與推薦的學習方式。投資時間在這裡可帶來驚人的好處，因爲你選用的教材品質，對你的效率造成的差異可能有十倍之多。就算你急於想立刻開始學習，此時投資幾個小時，能幫你省下後續數百個小時的時間。

- **強調／排除法**

一旦找到一門預設課程，就可以考慮對其進行修改。我發現這在有明顯成功標準的技能（像是畫畫、語言或音樂）上比較容易辦到，因爲在學習之前，你大致就能猜到那個標準對目標主題的相對重要性。至於那些概念性的科目或主題，你連課程大綱裡專有名詞的意義都不了解了，建議你先牢牢堅守目標課程，直到學多一點之後再說，可能比較適合。

「強調／排除法」首先涉及的是，找到與你在第一個部分的研究中找出的目標一致的學習領域。如果你抱著去巴黎兩星期，就能在商店與餐廳裡說法語的想法來學習法語，我會比較注重發音，而非正確拼寫的能力；如果你只是爲了做出自己的應用程式而去學習程式設計，我則會比較注重應用程式開發的內部工作原理，而非運算理論。

「強調／排除法」的第二部分是，省略或延遲與你的目標不一致的課程要素。舉例來說，針對學習中文，知名語言學家兼漢學家梅維恆（Victor Mair）之類的專家普遍建議，在嘗試閱讀中文字之前，先專心學說中文。這不是唯一可行的途徑，但若你的主要目標是說中文，那麼這條達到流利程度的路徑或許更有效。

你應該做多少計畫？

你可能會面臨的一個問題是：何時該停止研究，開始去做？自主性學習相關文獻顯示，大多數人都無法對可能的學習目標、方法與資源做出周全的調查；相反地，他們會選擇在環境中自然出現的學習方法，無論那是什麼。這在實際執行後得到的效果，與使用最佳方法帶來的最大效益之間，顯然會形成一段差距。

然而，研究也可能成了你拖延的藉口，特別是學習方法讓人感到不適應時。此時再多做一點研究，反而變成努力學習的阻力。你的方法一定會有某種不確定性，因此在研究不足與過度分析之間找到最佳施力點十分重要。你知道自己在拖延時，開始去做就對了。

• 百分之十法則

有一個很好的經驗法則是，你應該在開始之前，投入你預期全部學習時間的百分之十在研究上頭。假如你預期花六個月、每週大約花四小時學習，大約等於一百個小時的時間，那就意味著你應該花大約十小時或兩週時間做研究。這個百分比會隨著你計畫的擴大而略減，所以若你打算進行五百或一千小時的學習，我想並不一定要做五十或一百個小時的研究，或許只要用接近百分之五的時間就足夠。

這裡的目標並非詳盡研究每一種可能的學習法，而是確保你不會在沒有考慮其他選項的情形下，就鎖定你第一個看到的可能資源或方法。

我在開始ＭＩＴ挑戰之前，在大約六個月內花了部分時間，徹底搜尋了所有課程教材。在開始之前先了解學習的共同方法、通用的資源與工具，以及優缺點，是個好主意。長期的計畫會有較多脫離正軌與因故延遲的可能性，因此在剛開始時就徹底研究，能爲之後輕鬆省下更大量做錯或做白工的時間。

・報酬遞減與邊際效益計算

後設學習的研究不是只在計畫開始之前做過一次就好，當你學得越多，越應該繼續投入研究。在你開始之前，障礙與機會往往不大明顯，因此在計畫進行途中重新評估，可說是學習過程中必要的一步。

比如說，在我的人像畫挑戰大概進行到一半時，我發現自己從「素描與比較」方法中得到的報酬開始遞減。我知道自己需要另一種精確度更高的繪畫技巧，那使我展開第二輪的研究，並找到一個由維特魯威工作室傳授的課程，其中詳述一種更有系統的畫法，大大增加我的精確度。我在最初的研究中並未注意到該畫法，因爲當時我尚未意識到我自行發展出來的技巧有何不足之處。

關於何時與如何做研究的問題，較複雜的答案是比較後設學習與一般學習的邊際效應。做這件事的方法之一，是花幾個小時做更多研究，像是訪談更多專家、上網搜尋更多資源、搜尋可能的新技巧，然後依照你選擇的途徑花幾小時做更多的學習。花些時間做完後，快速評估一下兩者的相對價值。若你覺得做後設學習的研究似乎比花在學習本身的時間更有貢獻，你就可能正處於做更多研究仍有好處的時間點。若你覺得那些額外的研究不怎麼有幫助，可能最好堅持進行你之前的計畫。此類的分析取決於報酬遞減法則：你在一項活動（例如更多的研究）中投入越多時間，雖然可以越來越接近理想的方法，但效益與好處也會越來越少。若你持續做研究，最後一定會比單純做更多學習還更無用，因此到那時，你就能安心地專注於學習。

實際上，研究所帶來的報酬通常是起伏不定且多變的。你可能花了好幾個小時，什麼也沒找到，隨後又偶然發現能加速你學習進展的完美資源。隨著你完成的計畫越多，越容易用直覺判斷出這個時間點；在此之前，報酬遞減法則與百分之十法則，能爲要做多少研究與何時該做研究提供有益的近似值參考。

後設學習的長期效應更有價值

到目前爲止，我們只談到短期益處，但後設學習的眞正好處是長期的，不只存在於某一次的學習計畫，還會影響你作爲一名學習者的整體實力。

每一次計畫都會提升整體後設學習能力，也都有機會教導你新的學習方法、蒐集資源的新方式、更好的時間管理，以及改善管理個人學習動機的技巧。

一次的成功經驗將帶給你信心，讓你大膽且不會自我懷疑與拖延地執行下一次計畫。最終，這種長遠的效應會比進行單次計畫本身帶給你的影響還要重要許多。可惜的是，這也不是件可以被輕易歸結爲一種做法或工具的事。長期的後設學習能力，只能靠你以親身經驗獲得。

超速學習的好處在第一次計畫中總是不太明顯，因爲這是你後設學習能力最低的時候。好消息是，往後你每完成一項計畫，都會給你進行下一個計畫的新工具，展開良性循環。

許多我爲了這本書訪談過的超速學習者，都告訴我類似的故事：他們對自己在個別計畫中的成就感到驕傲，但最大的好處仍在於他們終於理解了學習困難事物的過程。那帶給他們極大信心，去追求之前自己連想都沒想過的其他遠大目標。

這份信心與能力正是超速學習的最終目標，一開始很難感受到，唯有透過花時間努力去做，才能得到這些好處；除非你進一步用極為專注的態度來努力學習，否則即使你手握再好的研究、資源與策略，也派不上用場。這一要點也帶領我們前往下一個超速學習的法則：專心致志。

第五章

法則２：專心致志——把刀磨利

現在我比較不會分心了。

——右眼失明後的瑞士知名數學家李昂哈德・歐拉

要是有個最不可能成爲科學偉人的人選，那一定是瑪莉・薩默維爾（Mary Somerville）。她出生在十八世紀一個貧窮的蘇格蘭家庭，那時受高等教育對一名女性來說是不合體統的。她母親並未禁止她閱讀，但社會上大多數人並不贊同。一名姨母就對她母親批評道：「我不懂妳怎麼會讓瑪莉浪費時間去看書，她縫的衣服還沒一個男人縫的多。」當她眞的有機會短暫去上學，她母親卻後悔付了那些學費。薩默維爾解釋道：「我只要學會把字寫好與記帳，她就很滿意了。那就是人們期望一個女人知道的一切。」身爲一個女性，肩負著家務責任和比任何自學都重要的社會期待，讓她面對莫大阻礙。「男人永遠可以用公事當藉口來支配他的時間，女人卻完全不被允許這麼做。」她哀嘆道。她的第一任丈夫就強烈反對女性學習。

但儘管阻礙重重，薩默維爾仍完成莫大的成就。她贏得數學方面的獎項、學會流利說好幾種外語，也懂得如何畫畫與彈奏鋼琴。在一八三五年，她與德國天文學家卡羅琳·赫歇爾（Caroline Herschel）成為皇家天文學會首度推選的女性會員。最後讓她功成名就的，是她把拉普拉斯《天體力學》的前兩卷翻譯出來並加以延伸。那是一部探討重力與高等數學的五卷巨作，被譽為繼牛頓寫下《數學原理》之後，最偉大的知識成就。拉普拉斯評論，薩默維爾是世界上唯一了解他著作的女性。

對薩默維爾的處境與成就之間的巨大差異，最簡單的解釋就是「天才」。毫無疑問，她確實擁有不可思議的敏銳頭腦。她女兒曾表示，她母親在教導她的時候會變得很不耐煩。「我清楚記得，她修長白皙的手很不耐煩地指著書或書寫石板說：『妳難道看不出來嗎？那一點都不難，很清楚啊。』」可是，讀完她的人生自述，可了解這位表面上的天才深受許多不安全感的困擾。她聲稱自己「記性很差」，敘述自己兒時在學習新事物上的掙扎，甚至一度「認為自己年紀大而無法學會外語」。我們無法得知那是客氣謙虛，還是自覺不夠好的真實感受，但至少知道她並非天生就有無可動搖的信心與超高天賦。

再探究得更深一點，浮現的是薩默維爾的另一幅影像。沒錯，她有一顆非常敏銳的頭腦，但她擁有的更棒特質，是一股非比尋常的專注力。青少年時，當大人要她去睡覺，不准她點蠟燭看書，她就在腦子裡讀遍歐幾里德的數學著作。她還在爲孩子哺乳時，一個朋友鼓勵她研讀植物學，於是她每天早上投入「一小時去研讀那門科學」。

即使在完成她最偉大的成就，即翻譯與延伸拉普拉斯的《天體力學》期間，她都得做完所有撫養小孩、煮飯與清潔的家務。「我永遠都該待在家中，」她解釋，「我的好友與相識的朋友不遠千里、舟車勞頓地專程來看我，不接待他們就太不客氣也太吝嗇了。然而，有時當我正在思考某個困難的問題時，有個人跑進來說：『我來陪妳幾小時。』我會覺得很煩。不過，我透過建立習慣，已學會放下一個主題後，可以立刻再回到那個主題，就像在一本我讀的書上做個記號。」

在成就偉大知識的領域當中，快速且深刻的專注力可說無所不在。愛因斯坦在構思廣義相對論的期間，專注程度之高讓他的胃出了問題。數學家保羅．艾狄胥服用大量安非他命來增加專注力，一個朋友打賭他不可能戒掉，就算是短時間不吃也沒辦法，他卻設法辦到了；但後來他抱怨，戒除安非他命的唯一結果是，在他無法專注的缺席期間，數學研究進度整整倒退了一個月。

看到這些極端專注的歷史人物的故事，人的腦海中通常會浮現一幅孤獨天才心無旁鶩工作、不問世事的影像。無論這有多麼引人注目，我比較感興趣的是薩默維爾擁有的那種專注。她身處的環境裡，不斷有人打擾、社會支持極少，還有盡不完的責任與義務，一個人如何有辦法擁有持久的專注力，不僅能學習驚人且廣泛的主題，還能到達如此深入的程度？就連法國數學家西莫恩．泊松都曾盛讚：「法國能看懂（她的）書的男人不超過二十個。」

薩默維爾是怎麼做到如此善於專注的？從她在不盡理想的條件下完成困難心智工作的策略中，我們能蒐集到什麼訊息？

人們在專注度上會遇到的困難，主要以三種情況出現：無法開始、無法維持，以及無法做到真正的專注。超速學習者會堅持不懈地想出辦法來解決這三個問題，也形成了良好專注力與深度學習能力的基礎。

問題一：無法開始專注（即拖延）

許多人會有的第一個問題是無法開始專注。最明顯的就是你拖延的時候，不去做你應該做的事，反而去做別的事或偷懶。對某些人來說，拖延是人生常態，從一件工作逃避到另一件工作，直到截止期限強迫他們專注，然後就得拚命把工作準時做完。其他人對抗的是更嚴重的拖延，那種拖延會用特定類別的工作來顯現。我比較像是第二種人，有某些類型的活動我會整天拖延。雖然我對寫部落格文章沒有問題，但當我必須爲這本書做研究時，卻總是拖拖拉拉；同樣地，我對坐著看MIT課程的影片沒有問題，但要開始解第一組題目時，卻總是帶著相當大的不安。要不是我的時間表非常緊湊，我可能會找很多藉口來逃避得更久——事實上，寫這一章時我就嚴重拖延了。

我們爲什麼會拖延？答案很簡單，就是某種程度上，有一種驅使你去做其他事情的渴望，或有一種對於做那件事本身的厭惡，或兩者皆是。以我的例子來說，我拖延寫這一章的原因是，我有很多想法，而我不確定該從何寫起。我很焦慮，因爲我必須把某件事清楚地寫出來，但最後可能寫得很糟。我知道這想法很傻。當你誠實說出來時，多數的拖延動機聽來都很傻，但那不會阻止它們主宰你的人生。認清這想法，也帶我走向克服拖延的第一步：承認自己正在拖延。

許多拖延都是無意識的。你正在拖延，但你主觀上並不那麼認爲，取而代之的想法是，你在「休個非常必要的假」或「玩樂，因爲生活中不可能永遠只有工作」。問題不在那些信念本身，而是它們被用來掩飾了眞正的行爲：你不想去做你需要專注去做的事，無論是因爲你就是不願意去做，還是有其他你更想去做的事。承認你正在拖延，是避免拖延的第一步。

建立一個每次你拖延時的思考習慣；試著承認你正感覺到某種不去做那份工作的念頭，或是更想去做其他事情的欲望。你甚至可以問自己在那一刻，哪一種感覺更強烈，搞清楚問題是出在你想去做其他活動的強烈衝動，例如吃東西、看手機、小睡片刻，還是你試圖避免去做某件該做的事，因爲那件事做起來讓你很不舒服、痛苦或沮喪？這份覺察對於開始學習是必要的，如果你覺得拖延似乎是一個弱點，在試圖解決問題之前，首要之務就是建立這種覺察。

一旦你能輕易且自動承認拖延傾向，當又發生時，你就能採取步驟去抵抗那股衝動。這裡提供的方法之一，是以一連串「支架」或心智工具，幫助你克服拖延傾向中某些最糟的部分。隨著你越來越善於開始行動，也就是當拖延不再是個問題時，就可以換掉或完全拋開這些支架。

第一個支架，來自承認一件你不願意去做的工作中的大部分是不愉快的，或承認另一件讓你分心的工作的愉快之處，那股衝動雖然強烈，實際上卻不會維持太久。

若你眞正開始工作，或不理會一件令你嚴重分心的事，通常只需要幾分鐘時間，那份擔憂就會消融，即使是非常不愉快的工作。因此，第一根支架就是說服自己撐過那最不愉快的幾分鐘再休息。告訴自己，你只要花五分鐘做那件工作，接著就能去做其他的事，這通常就足以讓你開始行動。畢竟，幾乎任何人都可以忍受做任何一件事五分鐘，無論那有多無聊、多讓人沮喪，或可能有多困難。然而，一旦你開始，最後可能會持續更久，不想休息了。

隨著你多試幾次，可能發現第一個支架開始阻礙你。因為工作並不愉快，又很難保持專注，你會發現自己就算開始做了，卻因太常利用五分鐘規定而無法累積成效。若是如此，你的問題已經從「無法開始」變成「太常休息」，那麼你可以試試困難一點的做法，例如番茄鐘工作法：專注二十五分鐘之後，休息五分鐘。這種時間管理法是由義大利管理顧問法蘭西斯科．西里洛發明的，會如此命名是因為他用的計時器是番茄形狀。

要記得一個重點：當你仍卡在某個更初階、更基本的問題時，不要試圖轉移到追求另一個更困難的目標上。比方說，你用了第一個支架的五分鐘規定，仍無法開始工作，這時若想改用更難且更吃力的支架，可能會事與願違。

在某些例子中可以看到，沮喪的時刻或許不會在一開始就來到，但仍可預先覺察。例如我在透過快閃卡學習中文字時，每當我記不得其中一張卡片的答案，總會心生一股放棄的衝動。但我知道這種感覺是暫時的，於是我為自己增加一條新規定：只能在正確記得最新的一張字卡時退出。實際上，卡片閃得很快，因此這通常只需要再多堅持二十到三十秒，結果我做快閃卡練習的耐心戲劇性地提升了。

最後，若你執行計畫時不再受到嚴重拖延症所擾，可能會想改用一份行事曆，在上面先特地挪出一天時間來執行計畫。這方法能讓你妥善利用有限的時間，不過，那只有在你能確實遵循行事曆的情況下才會有效。如果你發現自己用大量時間來設定一份每日行程表，卻又經常不予理會、去做別的事，那就回到最一開始，設法用五分鐘規定，接著用番茄鐘工作法，來再次建立支架系統。

最後，你可能會達到薩默維爾的專注程度，她時時刻刻都能啓動這種專注力，根據她有多少時間而定。儘管她的專注力讓人欽佩，但似乎連薩默維爾都會刻意排出時間來研讀特定主題。因此，她得到的許多成就，來自一種有意識的習慣，而非僅是自發性的學習。

就我自己而言，我發現有些學習活動非常有趣，以致我可以沒有壓力地長時間專注在上頭。比方說，在ＭＩＴ挑戰期間，我對於觀看上課內容沒有問題，但其他任務就需要五分鐘規定來阻止拖延欲望。要是我必須把檔案掃描上傳，通常要等到檔案堆成一座山了，我才會開始動手去處理。如果你必須退回到上一個階段，也不用覺得很糟。你無法控制厭惡感或拖延傾向，但透過練習，你可以減低其影響力。

問題二：無法持續專注（即分心）

第二個經常遇見的問題就是「無法持續專注」。這可能發生在你好不容易坐下來念書或練習某件事時，電話突然響了，於是你望向他處；一個朋友上門來問候；做了個白日夢，回神發現自己過去十五分鐘都盯著同一段文字。跟啓動專注的挑戰一樣，若你想在學習困難事物上有所進步，持續專注是很重要的。不過，在我談論如何持續專注之前，我想提出一個新問題：最應該持續的是哪一種專注力？

心理學家米哈里．契克森米哈伊開創了一個全新概念「心流」，經常被用來作爲「專注」的理想範本，讓人聯想到「全神貫注」的心理狀態：你不再被惱人的念頭打擾，心思完全被手邊的工作吸引。當一份工作不是太難也不是太簡單時，心流是在無聊與沮喪之間滑行的愉悅狀態。

然而，還是有些人批評這幅美好的畫面。研究刻意練習的心理學家艾瑞克森認爲，心流有些特性與刻意練習是相互矛盾的，這是因爲「刻意練習對監測目標與回饋皆有明確的要求，並且提供更正錯誤的機會。熟練的執行者可以享受並找出心流體驗，作爲他們擅長領域相關活動的一部分，但那種經驗在刻意練習的過程中，並不會發生」。同樣是專注於成果導向的學習法，超速學習看來也不適合心流，理由跟艾瑞克森最初爲刻意練習提出的主張是一樣的。

我自己則認為，心流狀態在超速學習當中並非不可能存在。許多與學習有關且有一定難度的認知活動，仍可能或甚至極有可能讓人進入心流狀態。不過，我也同意艾瑞克森說的，學習經常需要進入一些因為難度頗高，而讓心流不可能產生的狀態。此外，不存在於心流中的自我意識，在超速學習與刻意練習中可能是必須存在的要素，因為你需要有意識地調整原有的方法。努力解決一個快超出你能力範圍的程式設計問題、督促自己用一種不熟悉的風格來嘗試寫作，或是在說一種新語言時，努力改善你的口音，這每一種做法都很困難，違反你先前已累積形成的自動學習模式。這種對自然狀態的抗拒，會令心流更難達成，即使這股抗拒力對完成學習目標有益。

那我的建議是什麼?先別擔心心流。在某些學習任務中，你確實能輕易達到這種境界，像是我在MIT挑戰期間做練習題時、學語言期間做單字練習時，或在畫畫時，經常感覺自己彷彿處在心流狀態。但就算你沒有自動啓動心流，也不要感到愧疚。你的重點應該放在強化學習，這通常需要先努力熬過一些時期，而那些時期帶給你的感受，比有沒有達到心流狀態更讓人受挫。要記得，即使學習是高強度的，以後使用那項技能時，不會永遠都像現在這般難熬。現在為了完成學習而努力做的投資，會讓往後一路上的技巧練習活動變得輕鬆愉快許多。

思考過你爲何需要專注之後，我們就來想想「持續」這件事。你應該用功多久？雖然這個問題是假定你不應該這麼快就分心並放棄專注，但從學習的觀點來看，探討專注力的相關文獻裡，並未指出較長的專注期是最理想的。研究人員普遍發現，比起把練習集中在同一時間，分散在不同的學習時段更能讓人記住所學。同樣地，交叉學習的結果也顯示，即使處於徹底的專注中，在技能的不同面向或需要記得的知識之間輪流練習，也是比較合理的學習方式。

因此，若你有長達幾小時的時間可以學習，最好涵蓋數個主題，而非只專注在一個。然而這麼做有其利弊：你的學習時間可能變得零碎，會難以學得完整。

我們需要的是適切的平衡。要達到此種平衡，一次學習十五分鐘到一小時，是頗爲理想的練習長度。若你的行程表只允許在較集中的一大段時間裡學習，例如一週一次、連續學習幾小時，你可能要記得在每個小時的最後休息幾分鐘，並把你的時間分配到欲學習主題的不同面向。當然，這只是效率指導大原則，你終究還是要找到對你個人最有效的方法，不只要考慮大家都說什麼方法對保留記憶最管用，也要考慮這是否適合你的個人排程、個性與工作流程。比方說，對某些人而言，二十分鐘這麼短的時間可能最適合他們的生活步調，有的人則偏好花一整天的時間學習。

假設你已經找到一人段對你再理想不過的學習時間，你要如何在那段時間內維持專注力？我發現有三個不同原因會導致專注力失靈，並出現分心現象。若你正爲無法專心所苦，請依序來了解以下三種分心來源。

・分心來源一：你的環境

第一個分心的來源是你的環境。有沒有把手機關掉？是不是可以上網、看電視或玩遊戲？有沒有令人分心的噪音與聲響？你準備好開始工作了嗎？還是你可能需要停下來找筆、找書，或一盞燈？這是維持專注的問題根源之一，但也是人們經常忽略的一點，原因跟他們忽略自己正在拖延的事實是一樣的。

比方說，許多人告訴自己，在聽音樂的時候比較容易專心，但事實可能是他們不想做某件工作，因此音樂便提供了一種低度、有趣的分心來源。這不是要責怪所有沒有在完美環境中工作的人（我當然也沒有），而是要請你注意你在什麼樣的環境下工作效率最好，並加以測試。

開著電視當背景音，眞的能讓你做完更多工作？還是你只是喜歡聽電視的聲音，覺得那會讓工作比較可以忍受？若是後者，你或許可以訓練自己避免同時做好幾件事，然後享受更高的生產力。

同時做好幾件事或許有趣，但並不適合需要你全神貫注在手邊工作的超速學習。

讓自己擺脫以上惡習，而非強化會造成無效學習的壞習慣。

・分心來源二：你的學習任務

第二個來源是你正嘗試學習的事。有些活動因其本質，就是比其他活動要難以讓人專注。比方說，我發現閱讀就比看影片更難專注，即使內容是一樣的。每當你在決定使用不同的工具來學習時，就要考慮哪一種方法比較容易讓你專注。但這個選擇不應取代其他考量，以我爲例，我不會爲了保持較高的專注力，而選擇一個較不「直截了當」（法則三）或無法取得「意見回饋」（法則六）的學習工具。幸好這些原則通常是一致的，像是那些較低效的方法也不大需要高度認知能力，也因此較難在其上保持專注。

有時，你可以稍稍修改一下正在做的事，讓專注力更強。如果我得讀一篇難懂的文章，通常會隨筆寫下能爲我重新解釋困難概念的筆記。我這麼做，主要是因爲寫字時，我比較不會陷入閱讀催眠狀態，也就是身體在模仿閱讀的動作，心思卻飄到了別處。

無論是解決問題、製造某樣東西，或勇敢寫出並解釋想法，這些更高強度的策略都比較難不用頭腦去做，因此不知不覺分心的機會也比較少。

・分心來源三：你的心

第三個來源是你的心。負面情緒、焦躁不安與做白日夢，都可能是專注的最大障礙。

這個問題有兩面：首先，很明顯地，一顆清晰平靜的心對於專注在各類學習上，都是最有利的。你很難用一顆充滿憤怒、焦慮、沮喪或悲傷的心去學習——這代表如果你正與生活中的困境奮戰，要靜下心來好好學習就會比較困難，你可能要優先考慮處理好這些問題。像是身處一段有害的關係、對某件你正在拖延的事感到焦慮，或知道自己正走在一條錯誤的人生道路上，都可能干擾你的學習動機，因此通常最好別忽略這些問題。不過，有時你對自己的情緒就是沒輒，感覺也會在沒要求你去處理的狀況下自然出現。比方說，你內心偶然浮現一種對某些未來事件的擔憂，但你知道自己不應該爲此而停止手邊正在進行的活動。解決方法是承認那種感覺，意識到它，然後慢慢改變專注焦點，回到你的工作上，並讓那種感覺過去。

當然，讓負面情緒過去，說起來比做起來容易多了。情緒能劫持你的心，讓你試圖把意識帶回學習本身的過程感覺徒勞。例如，當我對某事感到非常焦慮時，會感覺自己費力把注意力拉回到一件事上，好像只是爲了十五秒後可以再從上面跳開，就這樣一再重複回來又跳開長達一個小時，或甚至更久。在你心慌意亂時，該做的不是隨之起舞，費力回應，直到完全放棄工作的程度，而是應該要不回應湧現的情緒，只是承認它的存在。這麼做之後，就能減低情緒影響你的強度。未來你再遇到類似情境，就更能堅守繼續工作的承諾，事情也會變得更容易。

加州大學洛杉磯分校正念覺知研究中心的正念研究者與精神病學家蘇珊・斯莫利（Susan Smalley），以及靜心老師戴安娜・溫斯頓（Diana Winston）主張，我們在從事一項行為時，典型的反應是試圖壓抑分心的念頭，但如果你只是「讓它升起，注意它，然後釋放它，或讓它走」，而非強逼自己壓抑情緒，這反而能減少你想避免的分心行為。

若你曾受負面情緒干擾而無法專心工作，感覺繼續做下去毫無意義，請記得，多練習以上方法，長期下來，對於強化你堅持繼續工作的能力會很管用。即使你在某次學習計畫期間沒有達到明顯成就，也不會是浪費時間。

問題三：無法做到真正的專注

第三個問題比其他兩個更微妙，跟專注力的品質與方向有關。

假設你已有辦法長時間抵抗拖延與分心問題，足以讓你專心學習，那麼你該如何做到眞正專注呢？意思是，要如何讓你的學習達到最大成效？專注在目標時，最理想的警覺程度是多少？

對於該如何運用專注力，有些有趣的研究認爲，這與兩個不同變因——「興奮感」與「工作複雜度」——有關。

興奮感（不是性方面的）是你對某事灌注能量或警覺程度的整體感覺。想睡覺時，你的興奮感是低的；運動時，你的興奮感是高的。這種身體現象是因爲交感神經系統的啓動，然後組成通常會一併發生的一連串身體效應，包括較快的心跳速率、血壓上升、瞳孔放大與流汗。

在心理上，興奮感也會影響專注力。高興奮感會創造強烈的警覺性，其特徵通常是範圍相當狹窄的專注，但也可能是有點敏感。這對專注於相對簡單的工作，或需要對某個小目標高度專注的工作來說，非常適合。運動員就需要這種專注度，來朝標靶擲標槍，或是準確投籃——那種工作相當單純，但需要短而強大的專注力來準確執行。

然而，興奮感過強時，專注力就會開始受損。過度興奮之後，你會變得非常容易分心，而且可能會很難專注在任何特定事物上。就像喝太多咖啡而感到緊張不安的人，都知道這會如何影響工作。

對於解數學題或練習寫文章這類較複雜的工作，態度放鬆的專注力比較有益學習。這時，聚焦的空間通常比較大，也比較分散。這一點在你為了解決面臨的問題，而須仔細思考許多不同的投入資源或想法時，是具有優勢的。試著解一道複雜的數學題或寫一首情詩，特別需要心理上的平靜。在做一件需要創意才能完成的工作時，如果你卡住了，可以從練習放鬆得到好處。休息一下，暫時不去思考問題，能擴展足夠的聚焦空間，之前不存在你意識中的可能性，便得以互相結合，你也能得到新的發現。這是「恍然大悟」時刻的一種科學解釋，那種時刻會發生在休息中或快睡著時，而非在專注工作的時候。

但我要補充一點，在你開始誤以為懶散是創意之鑰前，以上方法通常只適用於一個人已經專注或卡在某個問題上夠久、足以讓殘餘的思想留在他腦海時，才會有效。完全放鬆、不去努力，是不可能讓人成為創意天才的；但在試圖解決一個困難問題途中休息片刻，或許有助於注入一絲新鮮觀點。

工作的複雜度與興奮感的關係也很有意思，因為興奮度是可以被更改的，而這會影響你的專注程度。在一項實驗中，睡眠不足與得到適當休息的受試者，一起進行一項認知任務，不出所料，昏昏欲睡的受試者做得並不好。但比較有趣的是，在播放巨大吵雜的背景音時，昏昏欲睡的受試者卻做得比較好，而有適當休息的受試者則做得比較差。

研究者得出的結論是，噪音提高了興奮度，讓低度興奮的昏昏欲睡組因而受益，但對於有適當休息的人來說，興奮度卻一下子提高太多，導致他們的表現下滑。這意味著你可以考慮透過最佳化你的興奮程度，以維持理想的專注力。

低度興奮可能有益於複雜的工作，因此在家中選定一個安靜房間工作，對解開數學難題來說，或許是正確的做法。較嘈雜的環境可能對內容較單純的工作有益，像是選在一家咖啡館工作。

研究結果也告訴我們，你應該透過自我測試，找出什麼方式對維持你的專注力最有效。你可能會發現，即使在嘈雜的咖啡館，你也能把複雜工作做得挺好的；或者，你也可能發現，即使是單純的工作，你都需要在圖書館這樣安靜的空間裡才能順利完成。

小處著手，大大提升你的專注力

專注力不一定是某些特定族群的專利，不是行程表上有無數小時與大段空閒時間的人才可能做到。如同薩默維爾的例子，專注力對那些不可能在生活中投入大量且完整時間的人來說，甚至更爲重要。

透過練習，你就能提升專注力。一般而言，我對於能否把專注當成一種能力來訓練，抱持不可知論，因爲對一件事很有紀律，並不會自動讓你對其他每一件事都很有紀律。然而，確實能歸結的重點是，你可以遵循一定流程來提升專注度。我的建議是：**承認你所處的狀態，然後從小處著手。**如果你是那種一分鐘都坐不住的人，就試著坐好不動半分鐘。半分鐘很快就會變成一分鐘，然後兩分鐘。隨著時間過去，你在學習上感受到的挫折感，就會轉變成眞正的興趣；想去做讓你分心之事的衝動，也會隨著你的每一次抗拒而減弱。帶著耐心與堅持，你的忍耐幾分鐘，就會越拉越長，足以讓你完成了不起的事，正如薩默維爾在將近兩百年前所做的一樣。

本章我們討論了如何開始學習困難事物，接下來要進一步討論學習的正確方法。下一個法則：直截了當，能解釋你學習時應該先做哪一類的事，以及更重要的，若你希望盡快運用所學，哪些是你應該避免的事。

第六章

法則3：直截了當——走最短的路，勇往直前

能找到噴泉的人，不會去找水罈。

——達文西

瓦薩爾・賈斯瓦（Vatsal Jaiswal）在印度長大，成年後的他抱著成爲建築師的夢想，搬到了加拿大。四年後，頂著一個剛拿到的建築學位，投入了自一九三〇年代經濟大蕭條以來最糟糕的人力市場，他的夢想看似遙不可及。即使是在經濟情勢良好的時代，要進入建築界的門檻也可能很高，但二〇〇七年的市場崩盤才剛結束沒幾年，那幾乎是不可能的事，企業就連有經驗的建築師都會解雇。如果有公司在徵人，也不會冒險用個剛離開學校的孩子。他畢業班的同學中，幾乎沒有人找到一份建築相關工作。大多數人已經放棄，去找建築業之外的差事、回學校深造，或搬去跟父母同住，等待經濟風

暴趨緩。

又一次面試失利，賈斯瓦走出一家建築公司的辦公室，走回與兩名室友合住的一房小公寓。在投遞數百份毫無回音的履歷表後，他進一步嘗試更積極的做法，直接走進各家建築公司，懇求跟負責人談話的機會。然而，敲了幾星期的門、主動拜訪數十次之後，他依然找不到任何工作機會，連一通要他去面試的電話都沒接過。

不過，賈斯瓦懷疑，他的痛苦要怪罪的可能不只是蕭條的景氣。從他求職公司的片斷回饋中，他察覺到那些公司不認爲他是有用的員工。他在學校裡學過建築，但課程內容大多放在設計與理論；他之前所受的訓練，是脫離現實的建築規範、工程成本與複雜軟體做出的創意設計專案。因爲他在學校做的專案作品集，跟建築師實務工作的詳盡技術性檔案內容並不相符，他們便認爲雇用他會需要一段很長的訓練期，而那是目前很少企業負擔得起的。

賈斯瓦必須想出一個新計畫。寄更多履歷與直接走進更多辦公室，已經不管用了，他需要一份新的作品集，能證明他確實擁有建築公司需要的技能。他必須證明給他們看，他從第一天就能直接開始工作，並且會是有用的團隊成員，而非負擔。

爲了做到這一點，他需要更了解建築師到底是如何畫出建築設計圖的。這不只是他在學校學的偉大理論與設計，而是建築師是怎麼畫設計圖的小細節、用什麼代碼來代表不同建材，以及圖中顯示與省略了什麼部分。因此，他找了一份在大圖輸出影印店的工作，就是那種可以印出建築藍圖的大尺寸紙張印刷商店。

一份在影印店的低薪且低技能的工作，不是賈斯瓦的最終目標，但能在他準備新的作品集時，幫助他在財務上勉強度日。更好的是，影印店給了他每天接觸企業在使用的建築藍圖的機會，讓他能吸收到設計圖是如何拼湊出來的無數細節。

接下來，賈斯瓦需要提升他的技術性能力。從他直接上門拜訪的經驗中，他知道許多他應徵的公司，都在使用一種名爲「Revit」的複雜設計軟體。他想，如果他能精通那軟體的所有細節，在他渴望得到、高度仰賴科技的基層職位上，就可以立刻派上用場。於是他利用晚上努力完成線上教學課程，自學那套軟體。

終於，他準備好打造一份新的作品集。他結合新學到的Revit軟體技能與在影印店工作時獲得的建築設計圖知識，完成了全新的作品集。他不用大學時期做好的現有專案，反而把焦點放在自己重新設計的建築：一個有三座高樓的住宅結構體，有高起的庭院，並帶有現代美學風格。這個計畫進一步提升了他的軟體技能，強迫他去學習新方法與想法，超出了線上教學課程教給他與在影印店裡所接觸到的。終於，在幾個月的努力之後，他準備好了。

手邊有了新作品集，賈斯瓦再度把它投遞出去，這次只寄給兩家建築公司。出乎意料地，他們都立刻給了他一份工作。

直接學習的重要性

賈斯瓦的故事完美說明了超速學習的第三個法則：直接學習（直截了當）。藉由了解建築設計圖到底是如何完成的，以及學習一組與他想做的工作密切相關的技能，他便得以超越一大批帶著乏善可陳作品集投履歷的大學畢業生。

直接學習跟你想善用的能力與環境緊密相關。在賈斯瓦的例子中，他想獲得足夠的建築相關技能，好讓建築企業雇用他，於是他選用這些企業都在使用的軟體來打造新的作品集，並用那些企業會採用的風格來設計。

自學的路徑很多，但大多數都不大直接。另一位跟我聊過的建築師與賈斯瓦正好相反，他把目標放在透過深化自己對設計理論知識的理解，來增進就業能力。雖然學習內容可能有趣好玩，但設計理論跟在基層工作會用到的實務技能，卻沒有關連。

就跟賈斯瓦試圖以大學程度的學生作品集奮力求職一樣，我們許多人都以同樣的心態打造錯誤的技能組合。我們想學會說一種語言，卻大多是透過有趣的應用軟體來學，而非跟真實的人對話；我們想參與專業的程式設計合作計畫，但大多時候卻獨自一人寫腳本語言；我們想成爲很棒的演說家，於是買一本談溝通的書來讀，而非練習做簡報。以上所有例子都有一樣的問題：直接學習我們想做的事感覺不大舒服、無聊或挫折，因此便將就於某本書、某次上課，或某種學習應用軟體，以爲這能讓我們變得更在行。

直接學習是多數超速學習計畫的標誌。❶克雷格是用過去節目中的眞實問題，來做《危險邊緣》測驗練習；巴隆是透過創作電玩來學習遊戲創作；路易斯快速學會說外語，是透過遵循語言溝通策略，從第一天就嘗試來回對話。這些方法的共同點是，學習活動的進行方法永遠與學到的技能最後會使用的環境有關。

與此相反的，是傳統課堂式學習偏愛的方法：以脫離各種事實、觀念與技能最終將如何被實際應用的方式，來學習這些東西，例如在了解公式要解決的問題前，就精通公式的用法；一種語言的單字列好了在單字表上，就去背誦，而非因爲你想使用它；解決課堂上精心設計過的高度理想化問題，但在你畢業後絕不會再碰到。

然而，非直接的學習方法並不限於傳統教育，許多自主學習者也會落入非直接學

---

❶根據心理學文獻，「直接學習」與「遷移適宜歷程」（transfer-appropriate processing）密切相關。

習的圈套。想想「多鄰國」（Duolingo）這個目前最受歡迎的線上語言學習軟體吧。表面上看來，這個應用程式有很多令人喜愛之處：色彩豐富又好玩，還給你一種強大的進步感。但我懷疑那種進步感大多是一種幻覺，至少如果你的目標是最終要能開口說那種語言的話。要了解為什麼，只要想想多鄰國是如何鼓勵你練習的。程式出題的方式是提供字詞與句子，然後要求你從一個文字庫中挑出字詞，來加以翻譯。❷問題是，這一點都不像實際去說一種語言！真實生活中，你可能一開始會試著把一個句子翻譯成你想學習的語言，但是，真實的說話情境不會以一種多重選擇的形式來呈現；如果你還沒學過想使用的那些字詞之一，反而必須從記憶中搜索正確的字詞或找尋替代的字詞。從認知上來說，這跟從一個非常有限的文字庫中挑出相對應的翻譯相比，可說是相當不同的任務，而且困難許多。路易斯從一開始就說另一種語言的方法或許很難，卻可以完美轉換成他最終想變得在行的事：用外語自在與人對話。

在ＭＩＴ挑戰期間，我體認到最終能讓我通過課程考試的最重要資源，並不是授課內容的錄音，而是取得題庫。然而，進行這計畫之後的幾年間，有學生請我提供協助時，還是經常抨擊某幾門課的授課影片不見了，只有很少數人會抱怨題庫的不完整或不充分。這讓我發現，多數學生只把坐著聽上課內容當成學習教材的主要方式，而那些看來與期末考本質上很類似的題庫問題，只被當成一種對知識的粗略檢驗。雖然要想開始做練習，通常必須先全盤理解教材內容，但直接學習的法則認爲，**真正的學習，其實是在直接做你想變擅長的事時才會發生**。

直接學習最簡單的方法，就是單純花很多時間去做你想變擅長的事。若你想學一種語言，就像路易斯那樣去說那種語言；若你想專精於製作電玩遊戲，就像巴隆那樣去製作電玩遊戲；若你想通過某項測驗，就去練習解答可能出現在那項測驗裡的各種問題，就如同我在MIT挑戰中所做的。然而，這種透過實際去做來學習的方式，並不會所有學習計畫都能套用，因爲「眞實」的情境可能很少、很困難，或甚至不可能創造得出來，因此試著在不同的環境中直接學習是無法避免的。比如說，克雷格無法透過上眞正的《危險邊緣》益智節目幾百次來練習，他知道自己在正式上陣之前，必須先在不同的環境中學習，等時候到了，就能把那份知識順利轉移到節目中。在那種情況下，直截了當就不是一個非有即無的角色，而是你可以逐漸加入以改善個人表現的做法。克雷格從過去在《危險邊緣》節目中實際出過的題目來學習，比他只是從隨機主題開始學習各種冷知識，要來得有效許多。賈斯瓦在學習建築相關能力時，也遇過類似限制，因爲他

❷ 公平一點來說，在多鄰國上也有辦法做更多直接的練習，但通常只能來自在手機版應用程式上不斷重複練習相同課程。

想工作的公司根本不可能雇用他。然而，他透過訓練自己使用業界都在用的軟體，並根據實務上完成的相同形式設計圖與透視圖，設計一份作品集，來解決這個問題。

可以見得，想用近似直接學習法則來學習的困難點在於，有時你無法順利地在想運用那項技能的確切情境當中，進行簡單練習。即使你可以直接透過實作來學習，這個方法通常也比被動觀看授課影片，或是用有趣的應用軟體來玩中學的強度更高，也更讓人不舒服。因此，如果不採取直接學習法則，很容易不知不覺陷入糟糕且無效的學習策略中。

賈斯瓦求職故事的重點之一，可能不是自主學習計畫帶給他的成功，而是他受過的正式教育的失敗。畢竟，他明明已在大學認眞學了四年建築學，之後卻仍遇上這麼大的困難。那麼，爲何畢業後一個小小的自學計畫，就可以對他的就業能力產生這麼大的影響？爲了回答這問題，我想轉向教育心理學中最難處理且惱人的問題之一：如何做到學習遷移。

為什麼正式教育無法幫助你真正學會？

學習遷移一向被視爲「教育的聖杯」，發生在你於某個環境（例如課堂上）學到的某種能力，也能在另一個環境（例如眞實生活中）使用它的時候。雖然聽來有點專業，但學習遷移卻眞正體現了人們對幾乎所有學習的某種期待——我們可以把在過去某一情境中學到的能力，應用在新的情境中。任何不及於此的，根本難以稱得上是學習。

可惜的是，任憑有超過百年的積極努力與研究，學習遷移在正式教育中仍無法廣泛發生。心理學家哈斯凱爾在一項針對大量學習遷移文獻的精采研究中曾表示：「儘管學習遷移很重要，過去九十年來的研究發現卻也清楚顯示，無論個人學習或教育機構，都無法做到任何顯著水準的學習遷移。」他後來又補充：「毫不誇張地說，這是個教育醜聞。」

眞實情況甚至比聽來的還要讓人不安。哈斯凱爾指出：「例如，我們期待學生從高中的心理學導論課程進階到大學心理學入門課程時，會發生學習遷移。然而，多年來眾人皆知，修過高中心理學課程的大學生，程度上並沒有比在高中沒上過心理學的學生來得好；有些在高中上過心理學課程的學生，甚至在大學課程中表現更差。」在另一項研究中，詢問大學畢業生關於經濟方面的問題，發現有修經濟學課程與沒有修的學生之間，表現並沒有明顯差別。

提供多樣的練習實例，似乎對學生的學習遷移有點幫助，但認知科學研究者米雪琳．齊（Michelene Chi）提到：「至今幾乎所有實證研究都發現，即使是研讀過例題的學生，通常仍無法解決稍稍偏離例題解法的問題。」

發展心理學家加德納在《超越教化的心靈》（*The Unschooled Mind*，中文書名暫譯）一書中就指出大量證據，顯示即使是「在大學物理課得到優異成績的學生，當遇到了跟正式教授與測驗形式稍有不同的基本題型時，經常也答不出來」。

無法順利發生學習遷移的現象並不只出現於校園之中，企業訓練也苦於這一點。時代之鏡訓練集團前任總裁約翰．辛格（John H. Zenger）便在文章中寫道：「嚴格評估訓練成效的研究人員就說過，很難發現員工受訓後有什麼明顯改變。」

承認普遍的學習遷移失敗現象，有著一段與研究該問題本身一樣長的歷史。第一次對此提出質疑的專家，是心理學家桑代克與伍德沃斯。他們在一九〇一年的一篇研討會論文〈一種心智能力的改善對其他功能的效能之影響〉當中，大力抨擊當時的主流教育理論，即所謂的「形式訓練論」。這個理論主張大腦就像肌肉一樣是可以訓練的：大腦具有相當的記憶、注意與理解能力，無論學習內容爲何，只要訓練大腦肌肉，就能有效改善。這是拉丁文與地理學普遍指導原則背後的主要理論，認爲這會幫助學生培養更好的思考能力，而桑代克透過證明學習遷移的發生範圍比多數人以爲的還要狹小許多，來駁斥形式訓練論。

雖然學習拉丁文已非主流，許多教育專家卻透過建議大家，爲了提升自己的一般智能，包含語言、邏輯數學與空間視覺三部分能力，而去學習程式設計或批判性思考，來復興形式訓練論。許多時下流行的「大腦訓練」遊戲，也贊同此一觀點，假定只要針對一組認知任務進行深度訓練，將能發展出延伸至日常推理的能力。這種觀點已流行超過百年，學習遷移過程的魅力仍吸引許多人在追尋這個聖杯。

儘管如此，情況並非毫無希望。雖然實證研究與教育機構經常無法證明是否發生明顯的學習遷移，但不等於學習遷移就不存在。檢閱歷史，心理學家麥肯齊特別指出：「學習遷移是弔詭的。當我們想要的時候，就不會得到，卻又一再發生。」每當你用一種比喻，說某件事就像某件事，你就是在遷移知識；若你知道如何溜冰，之後又學會直排輪，這也算是遷移技能。如同先前哈斯凱爾所指出的，如果學習遷移眞的不可能，我們就難以靈活運用所學。

那麼要用什麼來解釋這之間爲何失去連結？如果學習遷移是人們在世上運作都需要的能力，爲何教育機構還要奮力證明顯著的學習遷移？哈斯凱爾認爲一個主因是，當人們的知識有限時，通常比較難發生學習遷移；而當在一個領域中發展出更多知識與技能，就會變得比較靈活，且更容易應用在學習其他領域。然而，我想加入自己的假設，作爲對學習遷移問題的一種解釋：令人遺憾地，多數正規學習都不夠直接。

用直接學習來真正學會

直接學習能在兩方面解決學習遷移問題。第一個，也是最明顯的是，直接在想運用能力的相關環境中學習，可以降低對於「遠遷移」（far transfer）的需要。既然長達一世紀的研究都顯示學習遷移有多困難，提出的解方也無法帶來持續的成果，那麼學習者就必須認眞看待一個事實，也就是想將課堂上學到的事物，轉移到大爲不同的眞實環境與情況之中，是種不可靠的想法。若我們能做到如哈斯凱爾所說的，將學習「與一個地方或主題結合在一起」，也就是更直接、更接近實際想運用的情境，學習效果會好很多。

其次，除了降低對遠遷移的需求之外，我認爲直接學習有助於遷移到新情境。眞實生活中的各種不同情境之間，有些共通的微妙細節，而這又與教室或教科書刻意營造的抽象環境絕不相同。學會新事物與否，很少只取決於大量呈現在面前、很容易清楚表達與編纂的知識，而是取決於無數關於知識如何與現實相互作用的微小細節。

透過在眞實環境學習，可以眞正學會所需的隱藏細節與技能，有助於你轉移到眞實生活中其他新情境，這比從教室的人造環境學習的成效更好。舉個例子，在「不說英語的一年」計畫中，我發現最重要的技能之一，就是能快速地在手機上使用字典或翻譯軟體，如此我就能在對話中補上語言知識的缺口。然而，這種實用技能正是語言學習課程很少涵蓋的部分。這例子雖然微不足道，但眞實生活情境包含了大量此類技能與知識的碎片，那是你想把學到的科目理論應用在眞實世界時不可或缺的關鍵能力。

能否找到教育聖杯，最終要由研究者去決定。於此同時，身爲學習者的我們必須坦承一點：我們最初的學習努力，往往固執地停滯在人造環境中。一名程式設計師就算從課堂上學到了演算法，但要辨識何時該運用在實際編碼工作中，可能仍有難度；一位領導者就算從商業書上學到一種新管理哲學，但回到工作上，可能還是用以前的老方法來管理員工。

我最喜歡的例子，就是有一次去賭場，一群剛認識的朋友邀請我加入，而我問大家，過去學到的知識是否讓他們無法享受賭博樂趣，他們只是一臉困惑地看著我。我認爲這實在很有趣，因爲那些人是會計師，曾在課堂上花了數年學統計，這應該已足以說服他們別期待自己能贏過莊家，但他們似乎並未理解這其中的關連。

因此，當我們學習新事物時，應該永遠致力於和想使用這些能力的環境直接連結。從一個眞實情境核心往外建構知識，比學習某件事、然後期望能在某個不確定的未來順利轉換到眞實環境的傳統策略要好多了。

超速學習者如何直接學習？

考慮到學習遷移問題與直接學習的重要，接下來帶大家參考不同超速學習計畫的進行方式。

直接學習最簡單的方法就是從做中學。只要有可能，若你能把一大部分學習時間只用來做你想擅長的那件事，直接學習的問題就很可能消失；如果不可能這樣做，你或許就需要創造一個人爲的計畫或環境，來測試你技能的實用性。重點在於，你正試圖專精的那項技能的認知特徵，得與你練習它的方式相當類似。

這就像克雷格的做法：以做考古題的方式，來模擬《危險邊緣》節目的出題與玩法。運用眞正的考古題來練習，比練習時用的考題軟體程式背景顏色是否與眞實節目布景的標準藍色一致，來得重要多了。背景顏色並不影響他答題，答題技巧也不會因此而有太大改變。

相較之下，如果他採用不同於節目裡的冷知識問題來練習，像是桌遊《棋盤問答》（*Trivial Pursuit*）之類的遊戲考題，問題的一貫問法、蒐羅的主題或困難度可能都有差異。更糟的是，若他把全部時間用來讀維基百科，以學習冷知識，他就完全沒機會練習到像眞實節目裡利用線索來想出答案的重要技巧了。

有些時候，你想學會的或許不是具體且實際的技能。許多我遇見的超速學習者，是想特別深入了解某領域的知識，例如維沙爾．邁尼就是希望深入理解機器學習與人工智慧。即使是我的MIT挑戰，也是基於想深入理解資訊科技理論知識，而不是爲了打造應用程式或電玩遊戲這樣實用的目標。雖然這會讓人以爲直接學習在這種情況下是否就不適用了，其實並非如此，只是你想應用這些想法的「環境」比較不明顯與具體。

以邁尼的例子而言，他想達成的目標，是能夠聰明地思考與談論關於機器學習的事，讓他足以在一間運用那些技術的公司找到一個非技術性的角色。那代表他的學習重點在於能夠清楚傳遞個人想法、理解那些觀念，以及跟具備專業知識的從業者與門外漢都能開口討論。這正是他開設一門解釋機器學習基本原理的微型課程，以達成學習目標是如此適合的原因——他的學習是直接連結到他想應用的那份技能：把機器學習知識傳遞給他人。

雖然學習遷移方面的研究調查結果相當貧乏，但還是有一絲希望的微光，那就是：學會了某領域較深入的知識之後，會讓未來的學習遷移更具彈性。

儘管知識架構的建立一開始很脆弱，結合學習這些知識的環境與背景，加上更多努力與時間，就能變得更具彈性，且得到更廣泛的運用。

這就是哈斯凱爾的結論，雖然並未爲新學習者的問題提供短期解方，但確實爲那些想繼續研究某個主題直到專精的人提供一條出路。許多已經專精某一領域的超速學習者，都很擅長學習遷移，主因無疑是他們對特定領域知識探究之深，使得學習遷移很容易達成。我在介紹第一個法則「後設學習」時，該章開頭特別提到的語言學家艾佛瑞特就是一個範例。跟其他只學了一種第二語言，或只在學術上學習語言的人比較起來，艾佛瑞特深厚的語言學知識，讓他學起新語言來相對容易。

直接學習的具體方法

假如有大量資料證明非直接學習形式的困難，爲何它們仍是學校與許多自學的失敗嘗試中的預設值？答案是直接學習很辛苦。

直接學習通常比較容易讓人感到挫折，也具有挑戰性，比乖乖坐著看一本書或聽完一堂課強度更高。但也正是這份困難，爲任何想要成爲超速學習者的人創造了強大的競爭優勢來源。若你願意面對，並直接學習，最後的成果一定會更有效。

就讓我們來檢視一些超速學習者使用的方法，看看如何將直接學習發揮到極致，並趁機利用較典型的學校教育的不足。

・方法一：以計畫為基礎的學習

許多超速學習者會選擇制定計畫，而非課程，來學習需要的技能。理由很簡單：若你是環繞著製作出某個東西來安排你的學習，至少保證你會學到如何製作出那個東西；如果你只是上課，可能會花很多時間記筆記與讀書，但不會達到你想要的目標。

透過創作電腦遊戲來學習程式設計，是個以計畫爲基礎來直接學習的完美範例。工程、設計、藝術、作曲、木工、寫作等這類技能，最後會產出某樣成品，自然很適合直接學習。不過，想精熟一個領域的知識也適用。我訪問過一位超速學習者，他想學習軍事史，計畫仍在進行中——他的計畫是要努力寫出一篇論文。既然他的最終目標是要能夠學識豐富地談論該主題，並寫出一份原創論文，這肯定比只是努力讀很多書卻沒有創造出任何東西，可以更直接應用學習。

・方法二：沉浸式學習

沉浸其中，是一種讓自己身處實行那項技能的目標環境的過程。這方法的優勢在於需要更大量的練習，同時也讓你完全暴露在眞實情境中。

學習一種新語言是沉浸式學習發揮效果的標準範例。藉著讓自己完全沉浸在說某種語言的環境中，不只保證你會有更多練習新語言的機會（因爲你沒有選擇），也會直接面對更廣泛多樣、需要你學習新字詞與片語的情境。

然而，語言學習不是唯一可以運用沉浸式學習之處，參加積極投入學習的社群，也能有類似影響，因爲那會鼓勵你持續接觸新想法與挑戰。例如，新手程式設計師可以加入開放原始碼計畫，來讓自己接觸新的編碼挑戰。

• 方法三：飛行模擬法

沉浸式學習與計畫很棒，但很多技能是無法眞正直接練習的。像是駕駛飛機或動手術這類技能，在眞實情境中練習甚至是違法的。你該如何克服這一點？

値得一提的是，對學習遷移來說，重點從來就不是完全遵循學習環境中的每一樣特徵，像是學習時身處什麼房間或穿著哪種衣服，而是要專注在認知特徵，像是你需要決定學習情境，並提取出儲存在腦中的知識。這也代表當你不可能直接練習的時候，只要模擬認知學習環境，也能達到效果。

以學習駕駛飛機爲例，在一部模擬飛行器裡練習，學習效果可能跟駕駛眞正的飛機一樣好，只要練習過程能充分運用到一名飛行員需要做的判斷與決定。更精美的圖表與聲效並不是重點所在，除非那些元素會改變做出的決定，或影響飛行員接收到的何時該使用某項技能或知識的信號。

在評估不同學習方法時，那些能明顯模擬直接學習的方法，會產生比較好的學習遷移效果。因此，若你正在評估去法國旅行前學習法語的最佳方式，用Skype上私人家教課練習溝通，會比翻快閃記憶卡能得到更多（雖然不完美的）學習遷移效果。

・方法四：矯枉過正法

提高直接學習效果的最後一個方法，就是增加挑戰性，好讓設定的目標完全包含所需的技能，讓你的程度大爲提升。就像蒙特貝洛在準備參加世界演講冠軍賽時，逼自己去中學演講。他之前只在演說俱樂部練習，會員給他的大多是世故有禮的回饋，可能太寬厚或太過讚賞，以致無法深掘出他演說中有效與無效的部分。相較之下，中學生會毫不留情。如果他說的笑話不好笑，或者他的演講風格無聊或老套，可以立刻從他們臉上看出哪一段需要重寫加強。

矯枉過正法就是把你自己放到一個要求極高的環境中，如此你就不太可能錯過任何重要的教訓或回饋。

進入高挑戰環境可能會感到緊張，像是覺得自己似乎「還沒準備好」開始說一種幾乎沒學過的語言；或者可能害怕站上台，發表一場你還沒將講稿記到滾瓜爛熟的演講；或者可能不想直接埋首設計應用程式，寧願繼續看別人做編碼的影片。但這些恐懼經常只是暫時的，如果你能找到足夠的動機，開始嘗試，通常長期持續下去就會變得容易許多。在我的一年不說英語的語言學習計畫中，每到一個新國家的第一週，都是一次衝擊，但很快地，完全生活在一種新語言環境就變得再正常不過了。

運用矯枉過正法進行學習計畫的方式之一，就是把目標放在一個會高於你必備技能水準的測驗、演出或挑戰。多語達人路易斯喜歡嘗試語言考試，因爲這提供了一種實實在在的挑戰。他在德語計畫中參加最高等級的考試，不只滿足於能跟人自在對談的程度，而且意識到自己立下的高目標後，會督促自己更努力用功學習。

我另一位朋友則是決定展出她的攝影作品，作爲增加拍攝技巧與才能的一種手段。事先就決定讓你的作品被大眾看見，會改變你的學習方向，也會讓你準備好在渴望擅長的領域中做出一番成績，而非只是單純驗收學到的技能。

直接從源頭學習

直接學習是我所遇過許多成功超速學習計畫的特點之一，因爲那跟大多數人習慣的教育方式有很大不同。每次學習新事物時，詢問自己那些知識會在何處與如何展現，是很好的習慣。如果你能回答以上問題，就可以接著問自己，是否有將所學與眞實環境做出任何連結。如果沒有，你就得步步爲營，因爲無法順利學習遷移的問題很可能會發生。

直接從源頭學習，也就是在你最終想要運用該技能的環境當中大量地直接練習，是個重要的開始。然而，關於你應該做些什麼才能學得更好，直接學習只能給你一半的答案。爲了快速掌握技能，光是大量練習還不夠。這也帶領我們進入下一個超速學習法則：反覆操練。

第七章

法則4：反覆操練——直擊你最大的弱點

處理好每一小節，整首曲子就會自行完成。

——作曲家菲利普·江士頓

班傑明·富蘭克林一生身兼多重角色，包括企業家、投資家、科學家、外交官，以及美國開國之父，但他最早、也最主要的身分，是一名作家。他最初是在寫作上獲得成功的。爲了逃避在他哥哥監工的印刷廠當學徒的長年契約工作，他逃離波士頓，前往費城。身無分文、默默無聞的他，一開始還是先在一家印刷廠工作，之後才漸漸有實力在社會上與人競爭。他寫的《窮理查年鑑》成了國際暢銷書，讓他四十二歲就得以退休。不過，他的寫作眞正改變世界，是發生在他人生的後半段。

就一名科學家而言，富蘭克林的數學能力很差，他對實際成果比對宇宙的廣大理論更感興趣。然而，他的散文「不論是門外漢或哲學家看來，都同樣覺得寫得很好」。英國化學家漢弗里．戴維爵士就特別提到：「他把細節描繪得生動有趣又清晰易懂。」富蘭克林的寫作能力與實際成果，使他成了風靡國際的人物。

在政治上，富蘭克林也靠寫作來幫自己贏得盟友，並說服潛在對手。在美國獨立戰爭之前，他仿寫了一篇據稱是由普魯士國王腓特烈二世所寫的文章，標題爲〈普魯士國王頒布的一項法令〉。在文中他提到，由於大不列顛群島的早期移民都來自德意志地區（現在的德國），那麼應該由普魯士國王從那些移民現在居住的「英國殖民地」來徵「稅收」，藉此諷刺英美殖民關係。

後來，他的筆下功夫也讓他寫出了《獨立宣言》，其中他修改了湯瑪斯．傑佛遜的話，還成爲留名青史的金句：「我們認爲這些眞理是不言而喻的。」

富蘭克林究竟是如何學會這些讓人驚豔的寫作能力與說服技巧，實在值得一問。幸運的是，他留下了《富蘭克林自傳》，讓我們得以一窺他是如何辦到的。他在自傳中細述當自己還是小男孩時，如何努力地把寫作技巧分割成幾個部分來練習。

在他兒時，有一次與一個朋友爭論女性受教育的優點時（富蘭克林表示贊成，他的朋友反對），他父親就注意到他的寫作觀點缺乏說服力。富蘭克林於是決心改善這一點，並著手進行一連串鍛鍊來加強寫作技巧。

他的鍛鍊方法之一，是找一本他最愛的《旁觀者》雜誌，然後針對裡面的文章做筆記。他會好幾天不去看那些筆記，然後再回頭看一次之後，試著根據記憶去重建原來文章的內容。重建完成後，他會「比較我的文章與原本的《旁觀者》文章，發現自己犯的一些錯誤，並加以更正」。

他也發現自己懂的單字有限，便發展出另一種學習策略：藉著把散文改成詩句，他可以把字換成符合格律或韻腳的同義字。

為了提升自己對一篇文章修辭流暢度的品味，富蘭克林也再度運用了模仿筆記重建法，但這一次他把所有提示筆記弄亂，如此他就必須在重寫時決定一連串想法的正確順序。

一旦建立了一定的寫作模式，他便進階到更困難的學習任務，也就是用帶有說服力的風格來寫作。他在讀一本英語文法書時，接觸到「蘇格拉底方法」的觀念，即透過探究問題而非直接反駁的方式，來挑戰他人想法。之後他去上班，便很小心地避免「魯莽的反駁與積極的辯論」，反而專注於當一個「謙卑的探究者與懷疑論者」。

那些早年的努力也帶來了成果。十六歲那年，他想試著出版自己的作品，然而，因為害怕他哥哥會不假思索地拒絕，於是他掩飾自己的筆跡，還用「賽倫絲・杜古德」這個筆名投稿，聲稱作者是一名住在鄉間的寡婦。他的哥哥不知道真實作者，便核准並出版那本散文集，因此富蘭克林又回去寫了更多東西。

雖然一開始是以一個謊言讓他的作品得到公平出版的機會，但富蘭克林揣摩其他虛構角色想法的練習法，之後也在他的事業上證明了這種能力是無價的。例如，《窮理查年鑑》是以一對生活單純的夫妻——理查與布莉姬·桑德斯的觀點寫成；而他的政治評論文章，像是〈普魯士國王頒布的一項法令〉，同樣也運用了他以想像觀點切入的靈活寫作力。

若富蘭克林沒有先建立寫作這門精湛技藝，很難想像他會成為如今家喻戶曉的大人物。無論是商業、科學或治國能力，讓他深具說服力且偉大的不變核心，就是良好的寫作能力。而他與眾不同之處，不僅是他的大量寫作或天賦才能，也在於他練習的方法。他把書寫技巧拆分開來，然後分別練習各項要素的方法，讓他得以在很小的年紀就精通寫作，並運用到其他後來讓他聲名大噪的工作領域。

仔細分析與刻意練習，正形塑了第四個超速學習法則——「反覆操練」的基礎。

學習的化學作用

化學界有個很有用的觀念，稱為「速率決定步驟」。這發生在一個化學反應是由多重步驟組成時，其中一個反應結構的產物，變成了另一個反應結構的起始物；而「速率決定步驟」正是這一連串化學反應當中最花時間的部分，也就是過程中的一個瓶頸，能影響最後定義整個化學反應發生所需的時間總量。我要說的是，學習的運作經常也是如此，某方面的學習問題會形成一個瓶頸，影響你在整體上變得更純熟的速度。

想想學數學吧，其中包含許多不同部分的複雜能力：你必須了解基礎觀念，記得解決某類問題的演算法，還得知道能運用在什麼情境中。然而，這項能力的根本，是做算術與代數的能力，以便解決討論的所有問題。如果你的算術與代數能力很差，就算你已精通其他觀念，還是會得到錯誤答案。

還有學習外語新單字時，你能成功說出多少句子，取決於你知道多少字彙。若你知道得太少，就無法聊得很多。若你能瞬間在大腦資料庫裡注入數百個新字詞，就可能大幅增進口說流利程度，即使你的發音、文法或其他語言知識維持不變。

這就是反覆操練法則背後的主要策略：找出你學習化學反應中的速率決定步驟，就能獨立拉出來，針對它特別加強。既然這決定了你學習技能的整體能力，比起同時試著練習技能的每一個部分，你只要抓緊這一重點來努力改善，就能進步更快。就像富蘭克林對於弱項的洞察力，快速提升他的寫作能力，只要找出整體寫作技巧的構成要素，弄清楚瓶頸，以聰明的方法加強練習，就能比只是花很多時間寫作更快變得更在行。

反覆操練與認知負荷❶

學習過程中的速率決定步驟，也就是一種複雜技能中決定你整體表現水準的關鍵要素，是使用反覆操練法則來練習的一大主因，但不是唯一理由。即使你想學會的技能中，沒有像這樣會妨礙你表現的瓶頸，使用反覆操練法則來學習仍是個好主意。

原因在於當你練習一項複雜技能時，你的認知資源，像是注意力、記憶力、努力等等，一定分布在學習任務的許多不同層面。像是富蘭克林在寫作時，必須考慮的不只是他提出的論據內容是否合乎邏輯，還有文字的選擇與修辭風格。這可能會讓你落入一種學習陷阱，也就是爲了提升某一層面的表現，你可能投入了更多注意力在那上頭，以致你其他方面的表現開始下滑；某部分能力雖然變好，但整體任務表現反而變糟了。

反覆操練則可以透過簡化一項技能，讓你把認知資源集中到單一層面，來解決問題，而不會削弱其他部分。當富蘭克林將技能簡化，只專注於重組一篇之前讀過的文章的順序，他就能把所有注意力投注在單一重點，也就是用什麼樣的想法順序可以組成一篇好文章，而不是還得同時擔心文字的使用、文法與論據內容。

敏銳的讀者可能會注意到，這條學習法則與上一個法則之間的矛盾。如果直接學習意味著必須在最後會使用到該技能的眞實情境中，立刻投入完整的練習，那麼反覆操練就是一股反向的拉力，必須把技能加以切割，好讓你只練習其中一個獨立的部分。

該如何解決這種矛盾？

先直接學習，再反覆操練

當我們放大視野，從整體的學習過程來看，在過程中交替使用直接學習與反覆操練，它們之間的緊張矛盾關係就能得到解決。

許多學院式學習策略所犯的錯誤，就是忽略直接的背景環境，或加以抽象化，期待若培養出足夠的組合技能，最終能發生學習遷移效果。相反的，超速學習者卻經常採用我所謂「先直接學習，再反覆操練」的方法。

第一步就是試著直接練習想學會的技能。這代表弄清楚會在哪裡與如何使用，然後在練習時盡可能密切符合真實情境：透過實際去說來練習一種語言，透過寫軟體來學習程式設計，透過寫文章來改善寫作技巧。最初的直接連結與後續的回饋循環，可確保

---

❶ 指的是人在從事特定工作時，該項工作加諸其認知系統上的負荷量。

不會發生能否順利遷移的問題。

下一步是分析直接練習的技能，並試著獨立出一些要素。這些待加強的部分，要不是你工作中的速率決定步驟，就是你因爲太多事要做，而無法專注其上，於是發現很難改善的子技能。從中你可以反覆操練，直到你做得更好爲止。

最後一步是回到直接練習，並整合你所學到的東西。這一步有兩個目的。第一，即使是在設計完善的操練中，還是難免會出現學習遷移障礙，因爲之前一項單獨的技能，必須移到一個更複雜的新環境去使用。你可以想成像是打造人體裡的結締組織，去連接你分別強化的肌肉群。

這一步的第二個功能則是可以檢視你的操練是否設計完善且適當。許多獨立出一項來操練的嘗試最終會失敗，是因爲並未眞正切中實際練習中的困難點。沒關係，就算是失敗的回饋也很重要，能幫助你把浪費在學習對最終目標不太重要的事上的時間，減到最少。

在學習過程中的越早期進行交替練習，循環速度會越快。交替著做直接練習與反覆操練循環，可說是學習計畫剛起步時的好主意，即使不是一前一後，而是在同一學習階段裡循環做也適用。之後，隨著你越來越擅長於想做的事，就需要投入更多努力，才能明顯增進整體表現，你也能越來越接受花更長且迂迴一點的方式去操練。隨著你越來越精通，最後你會發現，學習時間可能大多會集中在反覆操練上，因爲你越來越能準確知道該如何把複雜技能拆解成個別要素，而改善任何個別要素也變得越來越難。

反覆操練的具體方法

運用此法則時有三大問題。第一，是弄清楚操練的時間與項目。你應該聚焦在找出技能的哪一層面，可能是影響你學習表現的速率決定步驟。將哪一個技能層面加以改善，就可以花最少力氣，爲整體能力帶來最大進步？你的會計能力或許受限於Excel相關知識太淺薄，讓你無法把所知應用在實務上；你的語言能力或許因發音不正確而受阻，即使你知道正確的字彙。

你也要注意一項技能中需要同時運用的層面，這些可能更難以改善，因爲你無法投入足夠的認知資源來加以提升。像是寫一篇新文章時，可能必須同時掌控研究、說故事方式、單字與許多其他層面，讓人很難只在一個層面變得很擅長。決定要操練什麼或許看來很棘手，但也不一定是如此，關鍵就在實驗。先假設是某件事阻礙了你，用一些操練來對付它，使用「先直接練習再反覆操練」的方法，你很快就能得知自己是否猜對了。

這個法則的第二個困難，是設計操練內容來達成改善。這經常很困難，因為即使你認出了你的表現中比較弱的部分，但要設計出一項操練，能訓練那個部分、又不以人為方式移除令它難以實際運用之處，可能會很複雜。我相信富蘭克林的操練是很不尋常的，因為大多數人即使認出自己寫作能力中的特定不足之處，也不會有那樣的聰明才智去找到方法操練子技能，像是把論點安排得具有說服力，與模擬成功的寫作風格。

最後，操練是辛苦且經常是不舒服的。抽絲剝繭找出你的表現中最糟的部分並單獨練習，需要莫大的勇氣，花時間專注在你已很擅長的事上卻愉快多了。有鑑於這種天性，我們就來看看一些進行操練的好方法，幫助你開始行動。

‧方法一：切割時間法

創造一種操練最簡單的方法，就是把一連串較長行動中的一小段時間獨立出來。例如音樂家發現一首樂曲中最難的部分時，就經常反覆操練，把每一個部分練到完美，再融入整首樂曲或交響曲的脈絡中；籃球員在操練一些只占整場比賽一小部分時間的技能，像是帶球上籃或罰球時，也用同樣過程來練習；在學習一種新語言初期，我經常狂熱地重複幾個重要片語，好讓它們快速深植在我的長期記憶中。找出你正在學習的技能中能被分解成一小段時間，而那些時刻是特別困難或重要的，加以練習。

・方法二：認知練習法

有時你想練習的不是一項大技能的一小部分時間，而是一個特定的認知要素。比如在說一種語言時，隨時會用到文法、發音與單字，但這一切會形成必須同時處理的不同認知層面。我建議的方法是，在實務上也會同時運用到其他要素時，找個只操練一項要素的方法。像是我在學中文時，會做聲調操練，包含用不同聲調來發兩組字彙的音，並錄下自己說話的聲音。那讓我可以練習快速發出不同聲調，不用分心去記那些字的意思，或去想如何造出文法正確的句子。

・方法三：模仿法

操練許多創意性技能的困難點之一，在於我們通常不可能不做其他部分的工作，只做其中一小部分的練習。例如，富蘭克林在努力提升合理安排論點順序的能力時，不可能不寫出一整篇文章。

要解決這個學習問題，你可以模仿富蘭克林，不用多想，而是透過（從其他人或你過去的作品中）直接複製技能中你不想操練的部分，就能只專注在想練習的要素上。因為你只要重複在操練，不只能節省很多時間，還能減輕你的認知負擔，代表你能把更多注意力用來讓自己變得更擅長。練習繪畫時，我一開始不只根據照片、也根據其他人畫的圖來畫畫。那幫助我專注於正確描繪圖像的技巧，簡化了如何畫出場景與該納入哪些細節的決定。對靈活的創意工作而言，修改你過去創作的作品，也可能有相同效果，能讓你選擇性地改善作品的某一部分，不須考慮一件原創作品的全盤要素。

・方法四：放大鏡法

假設你需要創造新事物，無法修改或區分出你想練習的部分，要如何創造一項操練？「放大鏡法」是在想學會的技能的其中一個要素，花上比其他要素更多的時間。這可能降低整體表現，或增加你投入的時間，但會讓你把更大部分的時間與認知資源花在你想精通的子技能上。在試圖增進我爲了寫作做研究的能力時，我便是透過比之前多花十倍的時間在研究上，來應用這個方法。雖然寫文章的其他部分我還是得做，但透過花上比我平常會花的更多時間在研究上頭，我就能培養做這件事的新習慣與技巧。

・方法五：連動法

我從超速學習者身上一再看見的策略之一，就是從一項他們沒有任何必備條件的技能開始學習。然後，當不可避免地做得不好時，他們就往回退一步，去學其中一個基本主題，再重複操練。這種從太難的地方開始、等需要時再學必備條件的實踐法，一開始可能令人沮喪，但會省下很多學習時間，如果你只是從一個子技能開始慢慢學起，並不會像這樣帶來眞正大幅驅動成效的結果。

例如，巴隆就是透過直接去做來開始進行他的像素藝術實驗。當他總是學不會某些部分，例如顏色，他就回頭去學色彩理論，再重複做他的作品。路易斯也有類似習慣，一開始就說常用語手冊裡的句子，之後再學習常用語文法。

有意識的操練

對許多人來說，反覆操練的感覺會像是往錯誤的方向努力。我們都曾花大把時間做設計好的家庭作業，希望透過反覆操練以學會事實與步驟，結果完全是浪費時間。那通常是因爲我們不知道自己在練習的內容背後的緣由，或是該如何融入更寬廣的背景脈絡中。在不知來龍去脈的情況下操練問題，往往是枯燥乏味的。

然而，一旦你發現妨礙你超越自我的就是某個瓶頸，操練就被注入了新的目的。在由學生主動而非外力主導的超速學習中，操練就多了一層新意，因爲現在去找出方法、透過加速學習你覺得最困難的部分來改善學習過程的人，就是你自己，而非爲了不明的目的被迫操練。

從這層意義來看，與傳統學習相比，操練在超速學習中呈現出一種非常不同的風貌。在你把一個較複雜的學習難題，拆解成特定部分來努力解決時，精心設計的操練會誘發出創意與想像力，完全不是件無意義的苦差事。

反覆操練很辛苦，因此許多人寧願逃避不做，只願投入在自己覺得能勝任與自在的主題上。學習者在操練時，不僅需要深入思考學習的是什麼，也要弄清楚最困難的是什麼，並直接攻擊弱點，而非聚焦在最有趣或自己本就已經專精的部分。這需要強烈的動機，並對積極進取的學習方式感到自在。

在《富蘭克林自傳》中，富蘭克林提到自己全心投入於寫作操練的程度：「我做這些練習與閱讀的時間是在晚上下班後，或早上上班前。」儘管他深知傑出的寫作表現在生活中占有多重要的地位，他仍須長時間待在他哥哥監工的印刷廠工作，因此他只能利用下班後、上班前僅有的少數空閒時間，辛勤地改善寫作技巧。巴隆也同樣重複練習像素藝術無數次，一邊回頭去掌握必備的概念與理論，直到臻至完美。

反覆操練的困難與用處都重複著一種模式，那種模式會重現在所有超速學習法則中，即：**在心理上感到費力的事，比感到輕鬆的事還能為學習帶來更多好處。**這模式在下一個法則「提取記憶」中再明顯不過，其中遇到的困難本身，或許正是更有效學習的關鍵。

第八章

法則5：提取記憶——用測驗來學習

等待並努力從內心去回憶，效果會比再看一次書要好。

——心理學家威廉·詹姆斯

一九一三年春天，數學家哈代收到了一封就此確定他人生道路的信。

那封信是從印度馬德拉斯寄來的，寄件人是在當地港務信託公司工作的會計員，信裡的引言謙虛，但結論驚人。寫信的人聲稱他找到當今最厲害的數學家都尚未解出的數學問題定理，還聲稱自己「沒受過大學教育」，這些結論都是他一人發現得出的。

對於哈代這樣擁有數學界崇高地位的人來說，收到業餘瘋子的來信，聲稱擁有知名問題的解答，可說是常有的事，因此一開始他只當成惡作劇事件，沒多加理會。然而，翻看那封信附上的幾頁說明後，那些方程式卻在他的腦海中盤旋不去。當發現自己幾個小時後還在想著它們，他便把那封信帶去給他的同事約翰·李特爾伍德看。他們倆抱著好玩的心情，試著證明那些奇怪的結論時發現，雖然花了許多力氣研究其中部分內容，但最後眞的可以求得證明，而有些用哈代的話來說，仍是「幾乎不敢置信」。哈代心想，或許這並非一封瘋子來信，而是某個很不一樣的東西。

信中公式之奇特，陌生到讓哈代如此評論：「它們一定是眞的，因爲若非如此，沒有人有那種想像力可以發明出來。」那天他隱約感覺到，自己即將認識史上最聰明且奇特的數學家——拉馬努金。

拉馬努金天賦的祕密

在寫那封改變數學史進程的信給哈代之前，拉馬努金只是個貧窮、矮胖、特別喜愛解方程式的印度南方男孩。數學是他的最愛，事實上，他對數學的熱愛經常令他陷入困境。因爲不願研讀大學的其他科目，他因而被退學。他唯一在乎的只有方程式。在空閒時與失業期間，他會坐在家門前的椅凳上好幾個小時，手拿著書寫板寫公式玩。有時他會熬夜到很晚，他母親必須把食物塞進他手裡才肯吃。

由於住在離他那時代數學的學術界中心有數千里遠，要接觸到高品質的教科書對拉馬努金來說，實際上相當困難。他眞正接觸到與大量挖掘的資源，是喬治·肖布里奇·卡爾所著的《純粹數學和應用數學概要》。卡爾本身幾乎稱不上是個有數學天賦的傑出人物，那本書原是學生的入門書，收錄了大量的數學定理，通常沒附上解釋或證明。然而，即使沒有太多說明，卡爾的書在拉馬努金這樣聰明又執迷的人手上，成了有力的資源，因爲他必須自己把這一切弄清楚，而非只是抄襲與背誦某些定理是如何被證明出來的。

雖然當時包括哈代在內的許多專家都認爲，拉馬努金貧困的出身與太晚接觸高階數學，很可能對他的天賦造成無法彌補的傷害，現代心理學實驗卻提出了完全不同的觀點：正因爲拉馬努金以自己對數學公式的古怪偏執、只研究卡爾列出的大量定理，他因此在無意間接觸到建立深刻理解最有力的學習方法之一。

測驗效應

想像你是個學生，正在準備考試。對於如何分配有限的念書時間，你有三種選擇。第一，你可以複習教材：看遍筆記與書，用功讀完所有內容，直到你確定自己會記住。第二，你可以自我測驗：闔上書，試著記起書中的內容。最後，你可以畫一張概念

圖：把主要觀念寫在一張圖表上，說明那些觀念是如何被組織，以及這些與你需要研讀的其他內容有什麼關連。如果你只能挑選其中一個，你應該選哪一個，才能在期末考拿到最佳成績？

這問題是由心理學家傑佛瑞·卡皮克（Jeffrey Karpicke）與珍妮爾·布朗特（Janell Blunt）所提出的，出自一份檢視學生對學習策略選擇的研究。在那份研究中，學生被分爲四組，每一組擁有的時間一樣多，但要採用不同的讀書策略，分別是「只複習一次」「一再複習」「自由回想」，以及「畫概念圖」。每一組學生都被要求預測自己接下來的測驗分數。「一再複習」組的學生預測得分最高，接著是「只複習一次」與「畫概念圖」組的學生。練習「自由回想」（也就是試著在不看課本的情況下，盡可能記住他們能記住的內容）的學生，則預測自己的表現會最糟。

然而，眞正的結果跟預測相差甚遠。讀完後進行自我測驗（試著在不看課文的情況下自由回想內容）的學生表現，明顯優於其他組。考題是直接根據課文內容出的，自由回想組學生的答對率，也就是記得的內容，比其他組的學生還要高出百分之五十。這些學習多年的學生，對於眞正能產生成果的讀書方法，怎會讓人誤導得如此嚴重？

或許有人想爭論，「自由回想」這種自我測驗的好處，是一種評價成功方式的人爲產物。直截了當法則已說明學習遷移有多困難，且難以活用所學，而自我測驗剛好有個特點，那就是回想內容與實際測驗的考題有絕大部分是類似的——或許就是這種相似性，使得學習成效較佳。研究至此，專家也合理懷疑，要是換個評量方式，「一再複習」或「畫概念圖」的學生也許會占上風。但有趣的是，在另一場實驗中，卡皮克與布朗特證明了事實並非如此。這項實驗的測驗方式就是畫出一張概念圖，而儘管學習與測驗的方式之間有著極高相似度，「自由回想」組的成績仍然比「畫概念圖」的那組好。

而我認爲，自我測驗爲何有效的另一個可能解釋，就是回饋。被動複習時不會得到任何回饋，因爲回饋通常得伴隨測驗而來，這或許就能解釋，爲何練習自我測驗的學生能打敗畫概念圖或被動複習的學生。雖然回饋確實很有價值，但還是要再一次強調，提取記憶的好處不只是能得到更多回饋。上述實驗要求學生做自由回想，但並未提供任何他們錯過或記錯的項目的回饋。試圖從記憶中喚回知識的行爲，本身就是有力的學習工具，超越其與直接學習或回饋的關連。

這個學習上的新觀點，說明了卡爾那本只有列出一大堆數學定理、沒有解答的單調著作，何以落在有充分動機想掌握那些內容的人手中時，卻成爲精通數學的絕佳工具。手邊沒有答案的拉馬努金，是被迫想出自己對那些問題的解釋，從他的腦海中提取解題過程的記憶，而非複習書中資訊。

書越讀越差的弔詭現象

如果提取記憶的練習，也就是試著從記憶中回想事實與觀念，學習效果更好，學生們爲何不明白？明明只要把書本蓋上、試著盡可能回想，就能對學習有更大的幫助，爲何許多人仍偏愛繼續畫概念圖，甚至是更無效的被動複習法？

卡皮克的研究指出了一個可能的解釋：人類沒有確知自己已把某件事學得多好的能力。我們反而需要依靠念書經驗中的線索，來感覺自己做得多好。這些所謂的「學習成果判斷」，部分是基於我們感覺自己能多順利地處理某事。如果學習任務做起來感覺簡單且平順，就比較可能相信自己學會了；若學習任務過程感覺不斷掙扎，就會覺得自己還沒學會。

花時間念書之後，在短時間裡立刻做出的學習成果判斷，可能是正確的。運用被動複習的策略念書之後的幾分鐘之內，學生的表現會比練習提取記憶會有的表現更好。然而，這種在讀書時學得比較多、而非在試著闔上書本回想時學得比較多的感覺，是不正確的，問題會隨後而來。不信你幾天之後再做測驗，就會發現練習提取記憶的人狠狠打敗了被動複習者。在念書後的當下有幫助的事，結果並未能眞正留下學習所需的長期記憶。

另一個對於學生爲何選擇低效複習而非提取記憶的解釋，是他們不認爲自己對教材已熟知到足以進行自我測驗。在另一個實驗中，卡皮克要學生選擇一個學習策略。不可避免地，表現較弱的學生選擇了先複習教材，等到「準備好了」才做測驗練習。但透過實驗干預、讓他們被迫更早開始練習提取記憶後，結果發現他們能學到更多。

無論你有沒有準備好，提取記憶練習的效果都比較好。特別是如果你把提取記憶與查詢答案的能力結合起來，就會是一種比大多數學生的學習方式好上許多的讀書法。

困難是有益的嗎？

練習提取記憶比複習的效果要好很多，原因是什麼？有個答案是「有益的困境」，概念來自心理學家畢約克（R. A. Bjork）：假設提取記憶的行動本身是成功的，較困難的提取記憶會引發更好的學習。

在自由回想測驗中，學生必須盡可能不靠提示來回想記得的內容，相較於有提示的回想測驗，也就是學生會得到答案的暗示，前者比後者容易得到更好的記憶效果。

按順序來看，有提示的回想測驗效果又比認知測驗更好（認知測驗就像是必須認出而非想出正確答案的選擇題）。在某人學習某事之後立刻給予測驗，跟稍微延遲再做測驗，兩者比較起來，立即測驗對於增進記憶的效果比較差。由此看來，提取記憶時遇上的困難，根本不是障礙，還可能是讓學習見效的部分原因。

提取記憶中「有益的困境」概念，提供我們充分的理由採用超速學習策略。低強度的學習策略一般都包含較少或簡單的記憶提取，提高難度並選擇早在你「準備好」之前就自我測驗，學習效率會比較好。試想路易斯從第一天就開始說一種新語言的策略，難度雖高，卻有研究支持這可能比較簡單的上課讀書法還要有用。路易斯讓自己身處在較困難的環境中學習，代表每一次需要回想一個字彙或片語時，會比在教室人造場景中做同樣的記憶提取行爲記得更牢，也會比只是讀過字彙與片語表記得更清楚。

但如果難度太高，以致無法提取記憶，困境也可能不再有益。雖然延後對一件剛學會的事實做第一次測驗，比立刻做測驗的好處更多，不過，要是延後測驗的時間拖太久，也可能完全忘記資訊。因此，**練習提取記憶的重點是找到對的中間點：久到足以深刻記住任何被提取的資訊，又不致久到忘掉一切。**雖然在進行自我測驗之前等待太久可能有礙學習，但給自己較少的線索與提示來增加學習難度，可能或多或少會有幫助。

在課程開始前，就參加期末考？

一般人對測驗的標準看法是，其作用在於評估你在他處透過閱讀或聽課學到的知識。然而，提取記憶的概念卻完全顛覆以上觀點，認爲測驗不只是一種學習來源，也能帶來比花相同時間在複習上更多的學習成效，但這效力的影響範圍，仍僅限於先獲得知識、之後再予以加強或測驗的傳統概念。

有個從提取記憶研究中得到的有趣觀察，稱爲前向測驗效應。觀察結果顯示，提取記憶不僅有助於強化之前學到的事物，甚至還能幫助你具備更好的學習能力。對之前念過的資訊定期進行測驗，可讓之後學習新資訊變得更容易。這代表**提取記憶能發揮強化未來學習的功效，甚至可以在學習新事物之前，也就是還沒有資訊可供提取時，就發揮效力！**

已有多種機制經研究後提出，並解釋前向測驗效應存在的原因。有些研究者主張，試著尋找尚未學習過的知識，例如試著解決你還沒學過的問題，一旦之後接觸到那個知識，將有助於加強對可使用策略的搜尋能力。**試著提取一個尚未存在你腦中的答案，就像鋪設一條道路，可以帶領你走向一棟尚未被建造出來的建築物。**目的地並不存在，但抵達它未來所在位置的道路一旦建造出來，就已然開發了。其他研究者則主張，這機制可能是一種注意力。面對一個你還不知道如何回答的問題，你的頭腦會自動調整注意力資源，去發現看來像是解答的資訊，而你要到後來才知道。

無論確切機制爲何，前向測驗效應確實存在的事實，意味著提早開始練習提取記憶的好處，不僅是勝於「準備好了再測驗」而已，甚至在你有可能正確回答問題之前，就能幫助你找到解答。

應該提取什麼記憶？

以上研究結果已清楚顯示：若你之後需要回想某事，最好練習提取它。不過這忽略了一個重要的問題：一開始你應該投注時間在記住哪些事情上？

要產生相同的學習成效，提取記憶花的時間或許比複習少，但完全不學習還是比較快的。沒有人有時間精通每一件事，這是個重要的現實問題。在MIT挑戰期間，我的學習涵蓋了許多不同概念。有些是與我完成挑戰後想做的程式設計直接相關，因此確保我能記住那些用得上的概念是優先考量。其他概念也很有趣，但既然我沒打算立刻使用，就花比較多的力氣在練習提取基本概念，而非做技術上的運算練習。例如，我上過一堂課叫模態邏輯，由於我並不打算成爲一名邏輯學家，八年後的我可以坦白地說，我到現在還是無法證明模態邏輯的定理，不過我可以告訴你它的用途與使用時機，因此如果未來出現一個情境，我之前在那堂課上學到的技巧可能派上用場，我很快就知道該往哪裡找資訊。永遠都有某些事你要選擇去精通，其他的只要知道若有需要能查詢得到，就足夠了。

解決這個問題的方法之一就是直接練習。直接練習可透過強迫你去提取使用那項技能的過程中經常出現的事，來解決你不知該投注時間在記住哪些事情上的困擾。假如你正在學習一種語言，需要記得一個字，你就會練習它；若你從不需要那個字，就不會去記它。這個策略的優點是，它會自動引導你以最高頻率去學習那些事。很少用到或查詢比記憶容易的事，就不會被提取，這些事也經常沒那麼重要。

只依賴直接練習的問題是，不在你腦子裡的知識就無法用來幫助解決難題。比方說，一名程式設計師可能發現需要使用某個函數來解決一個問題，但忘了要怎麼寫出來。查詢資訊需要花點時間，可能讓速度變慢，但最後還是能解決問題；然而，若你沒有儲存足夠的知識，能辨識出何時可以用一個函數去解決，那麼任何查詢都幫不了你。想想過去二十年來，上網可輕易搜尋到的知識量已暴增，如今任何人只要有一支智慧型手機，若有需要，任何事實或觀念幾乎都可取得。但儘管科技進展日新月異，也不代表現代人比起十年前要聰明數千倍。能夠查詢事物當然是一種優勢，但你腦中若沒有一定數量的知識，也無法幫助你解決難題。

單靠直接練習，也可能無法激發出足夠的記憶提取，原因是忽略了能幫助你解決問題、但又不是非得那樣做不可的知識。假設一個程式設計問題有兩個不同的解決方法A與B，A方法有效許多，但B方法也能把工作完成。現在假設這名程式設計師只知道B方法，她會繼續用她知道的方法去解決問題，即使效率比較差。這名菜鳥程式設計師可能在某部落格上讀到A方法，但因爲單純閱讀比重複練習提取記憶的效果差，很可能在要運用那個技巧時，她就會忘了。

這問題聽來可能很抽象，但我要說，這在程式設計師身上還滿常見的。平凡與傑出程式設計師的差別之處，往往不在於他們能解決的問題範圍，而是後者通常知道許多解決問題的方法，並能爲每一種情境選擇最好的一種。這種解決能力的廣度，需要經過一定數量的被動接觸，也是受益於提取記憶的練習。

如何練習提取記憶？

提取記憶確實有效，但不容易做到。不僅努力本身就是個障礙，有時還不清楚到底該怎麼做。被動複習或許不是很有效率，但至少很直接：就是打開書，然後重複讀教材，直到記住爲止。大部分的書與資源，最後都沒有隨手可得的問題表，可以測試你是否記得內容。爲了幫助你，下列是一些有用的方法，可在幾乎任何學習主題上應用提取記憶。

・方法一：快閃卡

快閃卡是個簡單得驚人卻極有效的方法，可用來學習問題與答案之間的配對聯想。自製快閃卡來自我操練的老方法雖有效，但已大多被間隔式重複系統取代，我會在法則七中進一步介紹。這些軟體能處理數萬張「卡」，並安排複習時間表，讓你可以有效管理練習。

快閃卡還是有個缺點。它對特定類型的記憶提取效果非常好，尤其是當一個特定「暗示」與一個特定「回應」可以兩兩配對時，例如記憶外語單字。同樣的，地圖、解剖示意圖、定義與方程式，也適合透過快閃卡來記憶。然而，當你需要記住資訊的情境變動很大時，快閃卡練習就可能會有缺點。例如，程式設計師可以透過快閃卡來記憶編碼，但需要運用在實際程式裡的概念，往往就不符合快閃卡的「暗示—回應」框架。

・方法二：自由回想法

運用記憶提取的一個簡單做法，就是在讀完一本書的某個部分，或聽完一節課之後，在一張白紙上試著寫下所有你能記得的內容。類似這樣的自由回想通常非常困難，也會漏掉很多東西，即使你才剛剛讀完那些內容。然而，這份困難也是這種練習法之所以有幫助的一個主因。透過強迫自己去回想主要的重點與論據，你之後將記得更牢。比方說，在爲本書做研究時，我常把雜誌文章列印出來，放在一個活頁夾，每篇文章後面都插入幾張白紙。讀完後，我會很快地做個自由回想練習，以確定要寫作時我能記得重要的細節。

・方法三：試題簿法

多數學生做筆記，都是在遇到重點時順手抄寫下來。但另一個做筆記的策略則是，把你記錄下來的東西，改寫成以後要回答的問題。與其寫下「英國《大憲章》是在一二一五年簽署的」，不如寫下問題：「英國《大憲章》是何時簽署的？」並附上在哪裡可以找到答案的參考資料，以免忘記。透過用問題而非答案來做筆記，你就創造了之後練習提取記憶的素材。

不過，我曾犯過一個運用這項技巧的錯誤，那就是問問題的重點放錯了。我在一本談計算神經科學的書上嘗試運用這個方法，結果我問了自己太多細節上的問題，像是某種神經網路的電頻率，或誰提出了某個理論。我不是故意爲之，感覺比較像是把書中事實知識懶惰地重述成問題的自然結果。正確的做法應該是把一個章節或部分重要觀念重述並改寫成一個問題，雖然比較辛苦，但很有用。因爲問問題的做法通常有點含蓄且不直接，所以需要做更深的思考，而不只是在你逐字抄寫的筆記上加上問號而已。我發現一個不錯的原則，就是限制自己在一個文本的每個部分只寫一個問題，以此強迫自己確實了解重點並改寫，而非強調了某個不重要的細節。

・方法四：自創的挑戰

以上做法對提取簡單的資訊效果最好，像是你在一本書或課堂上接觸到的主要概念的事實或摘要。不過，如果你想練習一項技能，而不只是記得資訊，可能就不夠了。對一名程式設計師來說，知道演算法的意義並不夠，還要能用編碼寫出來。在這種情形下，你可以在閱讀被動教材時，爲自己創造以後要解決的挑戰。你可以在接觸到一個新技巧時寫注記，用一個實際的例子來說明那種技巧。親手打造一份挑戰列表，可作爲日後在實務上掌握資訊運用的一種提示，也可拓展你能實際運用的工具資料庫。

・方法五：闔上書本學習法

若去除搜尋暗示的能力，幾乎任何學習活動都能變成提取記憶的機會。像是在卡皮克與布朗特的實驗中，對學生並不是特別有效的「畫概念圖」學習策略，其實只要在製圖時不讓自己看書，效果會增強許多。我合理懷疑，如果在原本的實驗中有學生這麼做，最後測驗結果很可能表現得更好。無論是直接學習或一項操練，任何練習都能與查詢能力切割開來。藉著不讓自己有機會查閱來源，那些資訊就會變成儲存在你腦中，而非參考資料手冊裡的知識。

重訪拉馬努金

拉馬努金很聰明，這點無庸置疑，但他的天分大大受益於超速學習者的兩項標準工具，也就是「高強度」與「提取記憶的練習」。他日以繼夜在書寫板上用功，試著了解卡爾書中寫得很簡略的那些數學定理，工作之艱辛可說是不可思議。但這也創造了有益的困境，讓他得以建立一座滿是工具與訣竅的龐大心智資料庫，協助他達到往後的數學成就。

提取記憶在拉馬努金的數學養成過程中，也扮演重要角色，但他絕不是唯一善用這種方法的人。在幾乎所有偉大天才的傳記中，以及我遇過的超速學習者，都用到提取記憶的練習法則：富蘭克林是透過重現記憶中的文章來練習寫作；薩默維爾在沒有蠟燭可供閱讀的夜晚，是在腦海中逐步解答問題；克雷格練習冷知識問題時也不看答案。光靠提取記憶無法創造天才，但它可能是必要工具。

不過，光是做到試著回想出答案而非只是複習，你只做到了一半。要讓提取記憶眞正有效，得知道你從腦中回想起的答案是否正確，這會對你的學習很有幫助。正如我們經常等到準備好了才進行自我測驗，因爲與測驗拚搏的感覺很不舒服，我們常避免找尋檢視自身技能程度的相關資訊，直到認爲這對自己有利。知道自己能否有效處理資訊，清楚看見蘊含的訊息，這一點並不容易做到，但也正是爲何如此重要的原因。而這也帶領我們進入下一個超速學習法則：意見回饋。

第九章

法則6：意見回饋——別閃避重拳

在被迎面痛擊之前，每個人都有自己的一套計畫。

——拳王泰森

好萊塢喜劇演員克里斯．洛克的名字一宣布，就見他從後方一道狹窄的樓梯走上舞台。舉辦過門票銷售一空的現場秀、上過HBO特別節目的他，並非脫口秀生手，表演起來就像一場搖滾音樂會。他的拿手絕活，是用一種充滿活力的方式加重音，把一個笑話段子的關鍵字詞，唱得像一首歌的副歌那樣重複，那節奏精準到讓人覺得，他可以把任何事都變得超好笑。而這也正是問題所在。你自己覺得什麼都好笑，但你怎麼確知一個笑話真正好笑的點在哪裡？

遠離擁擠的音樂廳與歡樂的人群，位在紐約市格林威治村的「地窖喜劇俱樂部」

裡，洛克走向舞台上的麥克風，台上只有樸素的磚造牆面當背景。他手裡拿著一些小紙片，上面是他隨手寫下的一點字詞，這是他從祖父身上學到的一個設計新笑點的訣竅，他祖父是名計程車司機，週末在教區講道。他沒有用自己特有的挑釁風格，反而突然靠向背後的牆。這裡就是他的實驗室，他正要用實驗的精準度來表演喜劇。

「我先說，這次的演出不會太好。」洛克警告台下因他突然來到這小舞台而嚇到的觀眾。「不是用這種票價，」他開玩笑地補上一句，「只有這麼點錢，我大可馬上走人！」他想像觀眾的評論：「看過的觀眾會說，洛克出場，然後離開。他的演出很棒！他沒說任何笑話，但，還是好極了！」手裡拿著小抄，洛克開玩笑地警告觀眾，這將不會是一場典型的克里斯．洛克演出；相反的，他想在受控制的條件下設計出新的素材。「因爲你很有名，他們會給你大約六分鐘的時間，」他解釋道，「……然後你得從頭幹起。」他想知道，當他沒有努力搞笑時，好笑的點是什麼。

洛克的方法並不獨特。地窖喜劇俱樂部原本就以名人突然造訪而聞名，戴夫．查普爾、喬恩．史都華與艾美．舒默這些知名喜劇演員，在黃金時段特別節目與表演廳等級的演出前，都曾到這裡在一小群觀眾面前測試他們的素材。他們明明可以從一場大型演出輕易吸引到大量群眾與金錢，爲何還要在一間小俱樂部演出？爲何要突然現身，然後故意賤賣自己的喜劇能力？洛克與其他知名喜劇演員認知到的，就是超速學習第六個法則的重要性：意見回饋。

取得回饋的力量

取得回饋是超速學習者使用策略中最一致的部分。從克雷格在不知道冷知識答案的狀況下，用《危險邊緣》的提示來自我測試的簡單回饋，到路易斯用他前一天才剛開始學的語言，去跟一個陌生人說話所得到的不自在回饋，這可說是我遇見的超速學習者最普遍的做法。

超速學習策略與較傳統方法的區隔，通常就是其提供回饋的即時性、正確性與強度。蒙特貝洛大可像多數演講者一樣，採取仔細準備講稿，然後循著每一、兩個月發表一次演說的正常途徑，但他卻直接投入其中，每週演說好幾場，在不同的俱樂部間蒐集聽眾對他表現的不同看法。這樣深入探究回饋的感覺並不舒服，但快速沉浸其中的方式，也讓他減低很多上台時會產生的緊張焦慮。

回饋在「刻意練習」的研究中扮演很重要的角色，這是由艾瑞克森與其他心理學家提出取得專業能力的一種科學理論。在艾瑞克森的研究中發現，能否立即獲得針對表現的意見回饋，是達到專業等級表現的一大要素。沒有回饋，結果通常會停滯不前，也就是當你持續使用一項技能，但並未變得比較擅長的那段時間會拉長。缺乏回饋有時甚至會造成能力下滑。許多執業醫生經驗越多，能力反而越差，就是因爲他們從醫學院累積的知識開始消失，診斷的正確度又沒有得到快速回饋，失去促進更進一步學習的機會。

回饋會造成反效果嗎？

回饋的重要性或許不太讓人感到意外，畢竟我們都能直覺地意識到，知道自己做的是對是錯能加速學習。有趣的是，關於回饋的最新研究顯示，**回饋越多不見得就越好。關鍵在於得到回饋的類型。**

在一項大型整合分析中，阿夫拉罕．克魯格（Avraham Kluger）與安吉洛．德尼西（Angelo DeNisi）針對數百份爲學習提供回饋的影響做研究。結果發現，雖然回饋的整體效應是正面的，但値得一提的是，在超過三十八%的案例中，回饋確實有負面影響。這也衍伸出一個複雜的狀況。一方面，就如刻意練習的科學研究證明，回饋對於成爲專家是必要的，在超速學習計畫中也扮演重要角色，如果阻斷回饋機制，很難想像學習會成功。但在此同時，證據也顯示回饋的結果不一定全是正面的，這又該如何解釋？

克魯格與德尼西認爲，差別就在你得到的回饋類型。當提供的是能指引未來學習方向的有用資訊，回饋就會有很好的效果。若回饋能夠告訴你錯在哪裡或如何改正，就是強大的改進工具。然而，當回饋是針對你個人時，經常帶來反效果。像是教師經常使用的回饋類型——讚美，看似充滿美意，其實對進一步學習通常有害。當回饋轉成對你身爲一個個體的評價，例如：「你好聰明！」或「你好懶惰！」，通常對學習有負面影響。而且，即使含有有用資訊的回饋，也需要被正確理解爲激勵的手段與學習的工具。克魯格與德尼西指出，部分回饋之所以會出現負面影響，是因爲受試者本身選擇不以建設性的方式利用那些回饋。他們可能拒絕接受回饋、降低對自己表現的期待標準，或完全放棄學習任務。研究者也提到，回饋是由誰提出的也很重要，因爲來自同儕或老師的回饋，有著重要的社會動力，其效果可能超越單純爲了增進個人能力的回饋資訊。

我發現這項研究有兩個有趣之處。第一，我們可以清楚看到，雖然資訊的回饋是有益的，但如果被不當解讀或無法提供有用資訊，可能會帶來反效果。這代表在尋求回饋時，超速學習者必須留意兩種可能性。第一種是對並未提供能帶來改善的特定回饋資訊（正面與負面都是）反應過度。超速學習者必須對什麼樣的回饋眞正有用很敏感，同時對其他回饋充耳不聞。這也是爲何雖然所有我遇到的超速學習者都會利用回饋，但他們不會對每一個可能的回饋採取行動。比方說，巴隆並未關注每一個對他早期遊戲草圖的意見與批評，當回饋與他的願景相衝突時，很多時候他都予以忽略。第二種可能性是如果運用不當，回饋對行動力會有負面影響。不僅過度負面的回饋會降低行動力，過度正面的回饋也會阻礙你進步。超速學習者必須平衡考量，爲當下的學習階段努力爭取有益的回饋程度。雖然我們都知道（也會直覺地避免）嚴厲而無益的批評，但研究也支持像克里斯·洛克那樣直接面對觀眾的策略，不理會因名聲響亮而理所當然得到的正面回饋。

這項研究的第二個有趣之處，是它解釋了爲何尋求回饋的成果經常不受一般人充分重視且利用，這也是成功的超速學習者相對占優勢的原因。回饋是不舒服的，可能嚴厲到讓人喪志，也不太友善。站上一家喜劇俱樂部的舞台講笑話，或許是擅長脫口秀的最佳方式之一，但做這件事的感覺很嚇人，台下一陣尷尬的沉默是很傷人的。同樣的，立刻用一種新語言說話可能很痛苦，因爲你會感到自己的溝通能力意外地比用母語時降低許多。

對於回饋的恐懼，經常比體驗回饋本身要更讓人不舒服。因此，並非負面回饋本身有那麼大能耐可以阻礙進步，而是害怕聽見批評的恐懼會使學習停擺。有時，最好的行動就是直接投入最艱困的學習環境，即使一開始的回饋非常負面，仍能降低你對展開一項計畫的恐懼，就算回饋太過嚴厲而沒有太大幫助，也能讓你學會之後如何慢慢調整。

因爲需要極大的自信、決心與堅持，這也是爲何許多自主學習者雖然努力，但往往忽略尋求能較快收到成果的挑釁型回饋的原因。比起到源頭直接取得回饋、快速學習，人們經常選擇閃開重擊，卻也因此錯失了潛在且龐大的學習進步機會。超速學習者之所以能快速獲取技能，是因爲當其他人選擇回饋形式較弱或完全沒有回饋的練習時，他們選擇直搗黃龍，致力於取得挑釁型回饋。

什麼樣的回饋對學習最有幫助？

對不同類型的學習計畫，回饋也會以許多不同形式出現，像是學習精通脫口秀與學寫電腦程式，涉及的是非常不同的回饋。學習高等數學與學外語也會以不同的方式來利用回饋。

尋求更好的回饋方式的機會，會根據你想學的事物而有所不同。與其試著明確說出你的學習計畫需要什麼樣的回饋，我想重要的是思考不同類型的回饋，以及如何利用與培養每一種類型的回饋。只要知道你得到的是哪一種回饋，就能妥善利用，同時也能認清限制何在。

我尤其想討論三種回饋類型：結果型回饋、資訊型回饋與改正型回饋。結果型回饋是最普遍、也是許多狀況下唯一能取得的回饋類型。資訊型回饋也相當常見，重點在於你能否分辨出，何時能與結果型回饋區分開來，並針對你想學習的事物的個別部分取得回饋，以及何時只可能得到整體性的結果型回饋。改正型回饋最難找到，但若能善加利用，則最能加速學習。

・結果型回饋：做錯了嗎？

第一種、也是細節最少的回饋類型，就是結果型回饋。這能告訴你整體上做得有多好，至於你哪裡做得比較好或比較差，則沒能提供太多具體細節。這類回饋可能以評分形式呈現（通過／沒通過，或A、B、C），或是呈現爲一個對你同時做的許多決定的總結回饋。比方說，蒙特貝洛在一場演講後得到的讚賞（或尷尬的沉默），就是結果型回饋的例子，能告訴他是表現得更好或更差，但無法眞正說明爲什麼或如何變好。每個創業家在一項新產品上市時，都體驗過這種回饋，結果可能大賣或滯銷，但這種回饋總是大批出現，不是直接就能分析產品哪裡好或壞的各個面向。賣不好是因爲產品價格太貴嗎？行銷訊息不夠清楚嗎？包裝不夠吸引人嗎？顧客評論與意見能提供線索，但任何新產品的成功或失敗，終究都是由複雜的因素所組成。

這類回饋往往是最容易得到的，而研究顯示，即使得到這種缺乏你具體需要改進什麼的訊息回饋，對學習也是有用的。一份關於視覺敏感度的研究報告指出，即使收到的回饋量大到根本無法確知哪些回覆是正確的、哪些是不正確的，結果仍有助於學習。許多原本缺乏回饋的學習計畫，只要簡單加以改變，就能得到這種廣泛的回饋。比方說，巴隆透過部落格來發表最新動態，並從遊戲作品還只是雛形時就徵求意見回饋。雖然無法提供他到底具體該改進或改變什麼的詳盡資訊，但只是像這樣完全沉浸在能提供回饋的環境中，就會有幫助。

結果型回饋能透過幾種不同機制來改善學習方式。一種是爲你提供針對目標的激勵指標。若你的目標是取得有相當品質的回饋，這種回饋則能讓你知道目前進展的最新狀況。另一種機制則能讓你發現不同學習方法的優劣。當你進步得很快時，就能繼續使用目前的學習方法；進度停滯時，就知道或許需要改變做法。雖然結果型回饋並不完整，但經常是唯一可取得的一種回饋，對你的學習速率仍有強大影響力。

• 資訊型回饋：哪裡做錯了？

比起結果型回饋告訴你「做錯了嗎」，資訊型回饋則能進一步告訴你「哪裡做錯了」，但不一定能告訴你如何修正錯誤。

與一個無法跟你說同一種語言的當地人說外語，就是一種能取得資訊型回饋的學習方式。當你用錯一個字，那人困惑地盯著你看的眼神，雖然無法告訴你正確的字是什麼，但會讓你知道你說錯了。

蒙特貝洛除了在演講結束時，會得到聽眾對他的表現所做的整體評價，對於演講中每一刻的表現如何，也能得到即時的資訊型回饋。那個笑話有效嗎？我的故事令他們覺得無聊嗎？這些都可以在聽眾分心的一瞥，或是你演講過程中的背景聊天聲中發現。

克里斯．洛克的脫口秀實驗也是一種資訊型回饋。他能從觀眾的反應中分辨某個笑話好笑或不好笑，但他們無法告訴他要怎麼讓笑話變得更好笑，畢竟他才是喜劇演員，而不是台下觀眾。

當你能收到即時回應時，就很容易取得資訊型回饋。像是在進行程式編碼時，電腦程式設計師看到了錯誤訊息，雖然或許沒有足夠知識去了解做錯了什麼，但只要根據之前究竟做了什麼，讓錯誤隨之增加或消失，程式設計師就能利用即時回應訊息當作線索，去逐步解決問題。

你也可能給予自己資訊型回饋，在某些例子當中，幾乎跟從他人那邊得到的回饋效果一樣好。比方說，畫一幅畫時，你只要看著作品，就可以發現你的一筆一畫對於你想呈現的畫面是加分或減分。因為這類回饋經常來自與環境的直接互動，因此往往也適合搭配第三個超速學習法則「直截了當」一起進行。

・改正型回饋：如何修正錯誤？

你能取得的最佳回饋類型，就是改正型回饋。這種回饋能讓你看見的不只是哪裡做錯，還包括如何修正。這種回饋通常只能透過教練、人生導師或老師取得，然而，若你使用的學習素材正確，有時也能自動得到改正型回饋。我在MIT挑戰期間大部分的練習，都是透過來回做作業與看解答的方式進行，因此當我解完一個問題，我看到的不只是自己做得對不對，還包括我的答案跟正確答案到底有什麼不同。同樣的，快閃卡與其他形式的主動回想，也能藉由在你猜測後告訴你問題的答案，來提供改正型回饋。

教育學家瑪麗亞・阿雷塞利・魯伊斯—普里莫（Maria Araceli Ruiz-Primo）與蘇珊・M・布魯克哈特（Susan M. Brookhart）主張：「最好的回饋，是能給予學生資訊且有用的回饋。這種理想的回饋可指出目前的學習狀態與渴望的學習狀態之間的差異，並且幫助學生採取改善學習的步驟。」

取得改正型回饋的主要困難，在於需要一位能精確指出你的錯誤，並爲你修正錯誤的老師、專家或導師。然而，有時得到改正型回饋、而不只是資訊型回饋的附加優勢，值得你爲尋找那些專家付出所需的努力。就像蒙特貝洛與演講專家簡德勒合作，協助改善他的公開演說表現，那幫助他發現自己的細微弱點，而那是他自己或是提供較廣泛回饋意見的一般聽眾不會注意到的。

改正型回饋的效果雖勝過結果型回饋與資訊型回饋，不過也有不可靠的時候。像是蒙特貝洛完成一場演說後，經常得到互相矛盾的建議——有些聽眾會告訴他要說慢一點，另外一些聽眾則說應該講快一點。要解決這種問題，最好付費請一位私人教師，因爲專家可以看出你錯誤的確切本質，並以對你來說較不痛苦的方式加以改正。超速學習雖具有高度自主性，但也不代表學習就該是一件最好完全獨自進行的事。

關於回饋類型的進一步說明

關於回饋類型，還有幾點提醒：首先，試圖把回饋從較弱形式「升級」到較強形式時，如果實際上不可能做到，你就要很小心。若想從結果型回饋轉成資訊型回饋，你必須要能以正在做的事的每個元素爲基礎，一一從中取得回饋；相反的，如果提供的回饋是對你在做的每一件事的整體性評價，卻硬要轉變成資訊型回饋，可能會帶來反效果。遊戲設計師都知道要留意這一點：如果問遊戲測試者他們不喜歡這款遊戲的什麼部分，經常會得到虛假的結果，例如他們會隨口回答不喜歡角色的顏色或是背景音樂。這是因爲玩家在玩遊戲時，往往是以整體性感受來評估，因此經常無法提供個別細節的具體回饋。若他們的答覆是根據整體使用經驗，而非來自個別使用某一個部分，在這種情形下硬要取得更明確的回饋，你可能只會得到對方基於猜測的回覆。

同樣的，改正型回饋需要一個「正確」答案，或一位公認的專家回覆。若沒有專家或單一的正確方法，當錯誤的改變被解釋成一種改善，試圖把資訊型回饋轉成改正型回饋可能會造成反效果。蒙特貝洛跟我提過，多數人給他的個別建議都不是非常有用，但反應的一致性是有用的。如果他的演說每次都引發截然不同的反應，他就知道還有很多需要努力的地方；而當演說開始得到更多一致性的評語，他就知道自己掌握了某些要點。

這也說明了超速學習重要的不只是得到最多回饋，也要知道何時該選擇性地忽略某些內容，以擷取眞正有用的資訊。了解不同類型回饋的優點，以及促成這些回饋的先決條件，是爲一項超速學習計畫選擇正確策略的一大重點。

應該多快取得回饋？

關於回饋的研究，也提出了一個有趣的問題：應該多快得到回饋？你應該立刻得到你所犯的錯的相關資訊，還是應該等一段時間？

一般而言，研究已指出，立即的回饋在實驗室之外的環境是比較好的。詹姆斯．A．庫里克（James A. Kulik）夫婦查閱研究回饋時間的文獻後，建議：「使用實際的教室問答與眞實學習教材的應用研究經常發現，立即的回饋比延遲的回饋有效。」研究專家的艾瑞克森也表示贊同，認爲當有助於找出與改正錯誤，以及當你因此得以執行因應回饋而修正過的工作修改版本時，這種情況下應採取立即回饋。

有趣的是，實驗室研究結果也經常顯示，延緩提出伴隨原始學習任務的正確回應（也就是延遲的回饋），對學習比較有效。這結果最簡單的解釋就是，再度呈現問題與答案，能提供你第二次、間隔地接觸訊息的機會。假如這個解釋是對的，代表跟只接觸一次相較起來，要想強化你的記憶，立即的回饋最好搭配延後的複習（或更進一步的測驗）。在下一章討論如何保留記憶的法則中，我會談到更多有關間隔式學習以及它如何影響你記憶的內容。

儘管科學文獻中對於回饋時機的研究結果，表面上看來很混亂，我還是比較推薦立即的回饋，因爲能較快認知到錯誤。不過有個可能的風險：這會讓你退回到一種不利的狀態，也就是在你盡最大努力去解答問題或解決手邊麻煩之前，太早就得到回饋了。早期對回饋時機的研究常顯示，立即的回饋對學習有中性或負面的影響，但這是因爲在那些研究裡，實驗者經常讓受試者在塡寫完提示之前，就看得到正確答案。那代表受試者經常可以抄襲正確答案，而非試著去回想。

太快得到回饋，可能會把原本該是提取記憶的練習，不小心變成了被動複習，而從上一章的法則已知，那對學習比較無效。對於困難的問題，我建議你爲自己設定一個計時器，在你決定放棄、去看正確答案之前，鼓勵自己先試著努力思考困難的問題。

如何改善回饋？

如今你知道了回饋對努力學習的重要性。我已解釋爲何回饋有時可能會有反效果，特別是在回傳給他人時。我也說明了三種類型的回饋：結果型、資訊型與改正型，各有什麼優點，以及爲了發揮其效用須具備的先決條件。現在我想把焦點放在可以得到較佳回饋的具體方法。

・方法一：消除噪音

任何時候你收到回饋時，一定也會同時收到信號，也就是你想去理解的有用訊息，以及伴隨而來的噪音。噪音是由隨機因素造成的，在你試圖改善問題時，其實不須對噪音過度反應。假設你正在寫要貼到網路上的文章，想提升寫作能力。大多數文章不會吸引太多人注意，而當開始吸引到關注，通常是因為超出你控制範圍的因素，像是剛好有對的人分享了那篇文章，轉傳到社群網絡上。你的寫作品質確實會驅動這些因素，但仍有相當的隨機性，你必須小心，別根據一個數據點就改變你的整套做法。嘗試提升技藝時，噪音是個真實的問題，因為你需要花更多工夫去得到如何寫好文章的資訊。透過調整與選擇你所關注的回饋流量，你就能減少噪音，得到更多有用訊息。

在聲音處理中使用的一個消除噪音技巧是「過濾」。音效工程師知道人類的聲音經常落在一特定頻率範圍內，但白噪音卻遍及整個光譜，因此他們可以藉由放大人類聲音，也就是主要訊息產生的頻率，以及讓其他次要或不重要的聲音安靜下來，來增強信號。

要做到這一點的方法之一，是尋找代理信號。找到這些信號不完全等於成功，但經常有助於消除部分雜訊資料。以部落格寫作為例，有個方法就是使用追蹤代碼，來了解從頭到尾讀完你的文章的人占有多大比例。這並不能證明你的文章寫得很好，但會比未經處理的流量數據少掉很多雜音。

・方法二：擊中困難的有效打擊點

回饋就是資訊。取得越多資訊，就等於擁有越多的學習機會。有個對資訊的科學度量法，就是基於你能多輕易預測到其中包含的訊息。若你知道保證會成功，回饋本身就沒有提供資訊，因爲你自始至終都知道事情會進行得很順利。好的回饋則相反，因爲很難預測，也因此每次收到時，都能給你較多資訊。

許多人會直覺地避免不斷失敗，因爲失敗經驗提供的回饋不總是有益的。然而，相反的情況（即太多成功經驗）卻更常發生。超速學習者會知道要因應難度，小心調整學習環境，讓自己無法預測是否會成功或失敗。若太常失敗，就會簡化問題，好開始注意到自己何時把事情做對了；若太少失敗，則會把任務變得更難，或把標準變得更嚴格，好能分辨出不同方法的成功率。基本上，你應該盡量避免總是讓你對自我表現感覺良好（或不好）的情境。

・方法三：可據以改變的回饋

有一種典型的回饋是「成果評估」：你的測驗成績，能顯示你對教材的了解有多深。不過，另一種回饋可能更有用：「可據以改變的回饋」。這類回饋的重點不是你的成果，而是評估你用來學習的策略的整體成功度。

可據以改變的回饋的一個重要類型，就是你的學習速率，這會告訴你關於你的學習速度有多快，或至少是你技能的某一部分改善得有多快的資訊。好比棋手可以追蹤他們等級分的成長，準備法學院入學考試的考生可以用模擬考來追蹤進步程度，語言學習者可以在寫句子或說話時，追蹤學到的單字或犯的錯誤。

有兩種方式可使用此回饋工具。一種是決定何時你該專注於已在使用的策略，以及你何時該嘗試其他方法。如果你的學習速率慢到幾近於零，代表你目前的方法已到達報酬遞減狀態，接下來應該試著透過不同類型的操練、困難或環境，來得到更多好處。至於運用此類回饋的第二種方法，則是比較兩種不同的學習方法，看哪一個效果比較好。在MIT挑戰期間，我經常在用考試來自我測驗之前，根據不同的次要主題來幫問題分類，並同步嘗試不同的解題方法。

是直接投入於努力回答問題的效果比較好，還是先花一點時間確定你有理解主要觀念的效果比較好？唯一能得知的方法，就是測試你自己的學習速率。

・方法四：高強度且快速的回饋

有時，改善回饋最簡單的方式，就是更頻繁地得到更多回饋，特別是在學習的預設模式只包含很少或頻率很低的回饋時。

蒙特貝洛增進公開演說技巧的策略，主要就是仰賴得到比多數演講者多更多的舞台曝光機會；路易斯的沉浸式語言學習法，讓他在多數學生一個字都說不出口時，就接觸到有關他發音確準度的資訊。高強度且快速的回饋提供資訊上的優勢，但也更常是情緒上的優勢。害怕收到回饋經常是你最大的阻礙，把你自己丟到一個高強度且快速的回饋情境中，起初可能會感到不自在，但當你克服一開始的反感，學習速度會比你等好幾個月或好幾年才得到回饋要快得多。

跟別的方式比較起來，處於頻繁得到回饋的情境中，也能誘導你更積極參與學習。知道你做的事會受他人評價，是激勵你去做到最好的一股不可思議的動力。高強度回饋的激勵效果，可能比它能提供你多少資訊的優勢更加重要。

回饋之外

接收回饋並不總是很容易。若你將之理解成一個關於你的自我、而非你技能的評斷，就很容易讓一記重拳，變成一次擊垮你學習自信的打擊。雖然小心翼翼地控制回饋環境，好讓其慢慢帶給你鼓舞效果，聽來是個誘人選項，但真實人生很少有這樣慢慢來的機會；反而最好是提早上場，接受重擊，才不會讓回饋把你擊倒。雖然一開始的回饋可能短期內會讓人壓力很大，但一旦習慣取得回饋，就比較容易在情緒上不過度反應地去理解接收到的訊息。超速學習者善於利用這一點，讓自己暴露在大量回饋中，如此就能去除噪音，取得眞實有用的訊息。

然而，回饋與其所提供的資訊，只有在你記得其給予的教訓時才會起作用。而遺忘是人類的本質，因此光是學習還不夠，你必須讓資訊永遠留在腦中。這也帶領我們進入下一個超速學習法則：保留記憶。我們要來討論確保你學到的教訓不會被遺忘的策略。

第十章

法則7：保留記憶——別往有漏洞的桶子倒水

記憶是思考的殘渣。

——認知心理學家丹尼爾·威林漢

在比利時的小城新魯汶，奈傑爾·理查茲（Nigel Richards）剛剛在世界拼字大賽贏得冠軍。這件事本身並不是太令人驚訝，因爲理查茲之前已得過三次冠軍，而他對這項競賽的非凡能力與神祕的個人特質，已使他成爲競爭激烈的拼字遊戲圈內一號傳奇人物。

但這次不一樣的是，理查茲贏得的不是這個知名拼字遊戲的原始英語版，而是法語拼字世界冠軍賽。達成這項紀錄困難多了，大多數英語字典版本，大約有二十萬個有效字詞條，法語因爲還有依性別區分的名詞與形容詞，以及大量動詞變化形，則有將近雙倍、約三十八萬六千個有效字詞條。成功完成如此的壯舉非常了不起，但讓此事更了不起的是一個簡單的事實：理查茲不會說法語。

成長於紐西蘭基督城的工程師理查茲是個不尋常的人物。留著長長鬍子、戴著復古飛行員太陽眼鏡的他，看起來就像是《魔戒》電影中的甘道夫與怪咖電影《拿破崙炸藥》主角的混合體。不過，他的拼字能力可不是開玩笑的。理查茲玩拼字遊戲起步很晚，他媽媽在他快三十歲時，才鼓勵他開始玩：「奈傑爾，因爲你不擅言詞，這遊戲你也不會玩得太好，但至少有事可做。」從一開始的不被看好，理查茲至今已持續在競爭激烈的拼字遊戲領域，占有領先地位。有些人甚至認爲他可能是史上最偉大玩家。

假如你是個與世隔絕的人，我先花點時間解釋一下什麼是拼字遊戲。遊戲的基礎概念是用單字牌組成縱橫向單字，每位玩家都有七個可從一個袋子裡抽出來的字母牌，要用它們來組成單字。遊戲困難之處在於那些單字必須與已經在圖板上的單字連接起來。一名優秀玩家需要大量的記憶庫，不只要知道我們每天常用的字，還要知道因其長度或所包含字母而有其用處的偏僻難字。

一名資質還不錯的非正式玩家，很快就能學會所有兩個字母組成的有效字，包括像是「AA」（一種火山熔岩）與「OE」（丹麥法羅群島的一種旋風）這種少見的字。然而，要達到競賽水準的表現，需要記住幾乎所有的短單字，以及七、八個字母的較長單字，因爲在遊戲規則裡，如果一名玩家一回合內就能用完所有七個字母牌，可一次得到五十點的加分（或拼字遊戲中的術語「賓果」）。

但記憶力不是拼字比賽唯一需要的技能。跟其他競爭性質的遊戲一樣，拼字比賽也使用一套計時系統，因此熟練的玩家必須不只能從一組胡亂拼湊的字母牌中構想出有效字，還要能快速找到空格，並計算出哪一個字會得到最多點數。在這件事上，理查茲是個高手：舉例來說，如果拿到的字母牌是「CDHLRN」以及一個空白牌（可以塡上任何字母），理查茲會略過簡單且直觀的「CHILDREN」（孩子）這個字，轉而以連接多個縱橫向單字，來組成得分更高的「CHLORODYNE」（藥物名：哥羅丁）。

理查茲技能之精湛，被他的神祕感更加強化了。他很安靜，大部分時間都獨來獨往。他拒絕所有記者的採訪，對名聲、財富，甚至解釋他是怎麼辦到的，似乎完全不感興趣。

一名在競賽中對上理查茲的競爭對手鮑伯．費爾特（Bob Felt）注意到他如僧侶般的平靜：「我看到你的時候，完全無法分辨你是贏了還是輸了。」

「那是因爲我不在乎。」理查茲用單調的聲音回答。

即使是在比利時那場使他短暫成爲全球媒體焦點的比賽，也只被他當成一個騎腳踏車遊歐洲的藉口。事實上，在得勝之前，他只花了九個星期準備。在他於決賽中擊敗來自加彭、說法語的玩家謝立克．伊拉古．雷卡威（Schelick Ilagou Rekawe）後，觀眾起立鼓掌，向他致意，他卻需要一位譯者翻譯才能感謝觀眾。

不會說法語，卻能贏得法語拼字冠軍，祕訣是什麼？

閱讀越多關於理查茲的事，我對他越是好奇。理查茲跟他不可思議的記憶能力一樣神祕。他堅決不接受採訪，在描述他成功的方法上，也是出了名的簡潔。他在新魯汶獲勝後，一名記者問他是否有任何記得所有單字的特別學習方法，理查茲只回答兩個字：「沒有。」不過，即使他不願公開洩漏學習策略，在稍加探究後，也能找到蛛絲馬跡。

我找到的第一個線索是，雖然理查茲在比利時的勝利令人驚訝，但並非毫無先例。拼字遊戲的其他玩家，也曾在無法說出流利比賽語言的狀況下，贏得世界冠軍。比方說，拼字遊戲在泰國特別受歡迎，而兩位前任世界冠軍潘努鮑．薩威亞貢（Panupol Sujjayakorn）與帕康．尼米特曼蘇克（Pakorn Nemitrmansuk）的英語並不流利。理由很簡單：記得某人母語中的字，與記得拼字遊戲中的字，是兩種不同的記憶本領。在口語中，一個字的意思、發音與感覺都很重要；在拼字遊戲中，那些事都不重要，字只是字母的組合。理查茲不用說法語就能贏得法語拼字比賽，是因爲那跟英語的拼字比賽沒什麼不同，他只須記住不同的字母模式。母語使用者當然有優勢，因爲已很熟悉許多拼字，但仍要記住大量晦澀難解與不熟悉的字，而把字母重新安排到圖板上最有利的位置，以及善用計算能力來達到最多點數的技能，在每一種可以玩拼字遊戲的語言中，道理都是一樣的。

我找到的下一片拼圖是，原來拼字遊戲不是理查茲唯一擁有奇特的強烈情感的活動，他的另一項喜好是騎單車。在紐西蘭但尼丁舉辦的一場一大早就開始的自行車比賽中，他是在前一晚工作結束後，跨上單車，一路從基督城到但尼丁，距離超過三百二十公里，整晚沒睡；然後比賽當天早上的第一件事，就是立刻投入競賽。他贏了之後，在競賽中遇到的對手們提議要送他回家，但他禮貌地回絕，寧願一路騎單車回基督城，又是一整晚沒睡，週一早上再開始工作。起先那感覺只是他個人簡介中另一個奇特的怪癖，就像他總是在自己家裡理髮與討厭受訪一樣，但現在我認爲，那可能握有一些解開他某些祕密的鑰匙。

騎單車當然不是種了不起的記憶技巧，若是的話，傳奇自行車選手阿姆斯壯會是個駭人的競爭者。然而，這確實說明了理查茲人格中的一大特點，也與我遇過的其他超速學習者有共通之處：那就是一種執著的高強度訓練，超越了被視爲正常的努力付出。

原來，理查茲對單車的高度愛好，也跟我唯一能發現的、另一條有關他學習方法的線索相當一致：他會讀清單，長長的單字清單，從兩個字母的字開始，然後陸續增加字母。「騎單車很有幫助，」他解釋道，「我可以在腦海裡把那些清單從頭到尾想一遍。」他讀字典時，只專注於字母的組合，不理會意義、時態與複數型，然後根據記憶，在長時間騎單車時一遍又一遍地重複回想那些單字。這一點也符合其他超速學習者會運用的共同方法，也曾出現在本書其他學習法則中：提取記憶（主動回想）與反覆操練。透過主動提取記憶中的單字來練習，理查茲很可能把他原本已經印象深刻的記憶，變得更無法撼動了。

理查茲的強大能力還有其他線索可尋：他把學習重點放在記憶，而非重組字（重新安排字母牌來造字）上。他用前後來回的方式，從字母少的單字開始背到字母多的單字，然後再反過來背。他聲稱是用視覺法來回想那些單字，因爲他無法記得說出來的單字。這些線索讓我們得以瞥見理查茲的想法，但可惜的是遺漏的部分比透露給媒體的還要多上許多：他得先讀過單字清單多少次，才有辦法在腦海中反覆操練？有用某種方式排列那些單字，或只是按照字母順序排列？他是個具有傑出能力與低於正常的一般智力的博學之士，還是個全方位天才，記得拼字遊戲的單字只是他眾多驚人能力之一？或許他的智力相當普通，他在拼字遊戲上的優勢，展現的僅是他對那遊戲的極端投入。我們可能永遠都不會知道那些問題的答案。

我當然無法排除理查茲的大腦可能與眾不同，或就是比我的大腦更善於記憶。畢竟，就我目前所知，他的方法完全沒有什麼大膽創新之處，是其他認眞的拼字遊戲玩家不知道的，但理查茲在比賽中卻所向披靡。有一部分的我懷疑，讓他能長時間騎單車，一邊在腦中回想單字表的強烈、執著個性，或許至少能作爲一部分解釋。

無論理查茲擁有什麼天賦，他似乎也擁有至今我在本書中所描述的超速學習者性格。不管想學習的事物有無價值，理查茲本身也贊同後天的努力勝於天賦的能力：「那是很辛苦的工作，你必須全心奉獻給學習。」在別處他又補充道：「我不確定有祕密存在，那只不過是個有沒有學會單字的問題。」

拼字遊戲的單字或許對你的人生並不重要，但記憶對學習成效卻是必要的。程式設計師必須記得他們編碼中指令所用的語法；會計師必須記得各種比率、規則與規範；律師必須記得判例與法令；醫師需要知道無數小知識，從解剖到藥物的交互作用。記憶是必要的，即使當它被包裹在理解、直覺或實務技能等更大的概念中時。如果你無法記住，就算能夠理解某事是如何運作，或如何執行一項特定技術也沒用。保留記憶取決於使用策略，如此你學習的事物才不會從你的大腦中流失。不過，在討論保留記憶的策略之前，先來看看為何記住事物如此困難。

為何記住事物如此困難？

理查茲是個極端例子，但他的故事仍說明了許多對任何想學習的人都很重要的主題：你如何記住所有學過的事物？你如何避免遺忘得之不易的知識與技能？要如何儲存已獲得的知識，好讓你在剛好需要的時候能輕鬆提取？為了了解學習，你必須了解你如何與為何遺忘。

無法記得之前學到的知識，是教育工作者、學生與心理學家面臨的長期問題。逐漸消失的知識，也會影響你從事的工作。一份研究報告指出，醫生工作年資越長，提供的醫療照護越差，因為他們已漸漸遺忘從醫學院學到的知識，儘管他們全職在那行業中工作。原始摘要文字如下：

一般認為，經驗豐富的醫生在多年執業中已累積相當的知識與技巧，因此可提供病患高品質的照顧。然而證據顯示，在醫生的執業年數與其提供的照顧品質之間，卻存在著反向關係。

在史上最早的心理實驗中，赫爾曼．艾賓浩斯用多年時間去記憶無意義的音節，跟理查茲記憶拼字遊戲的單字方法差不多，然後仔細追蹤他之後想起那些音節的能力。在這個後來被許多實驗充分的研究報告證實的原始研究中，艾賓浩斯發現了「遺忘曲線」的概念。這曲線顯示，在學習事物之後，我們經常會以快得驚人的速度忘掉它們，知識會呈現「指數型衰退」，而且在剛學會之後的指數型衰退最高。不過，艾賓浩斯特別指出，這種遺忘會逐漸減少，被忘記的知識量，也會隨著時間變少。我們的大腦就像是個會漏水的水桶，不過多數漏洞都靠近上方，因此留在底部的水漏得比較慢。

這些年來，心理學家已發現至少三個主要理論，來協助解釋為何我們的大腦會忘記多數最初學習的事物：衰退、干擾，以及遺忘的線索。雖然潛藏在人類長期記憶之下的確切機制尚不明確，這三個觀念仍可能為我們為何容易忘記事情做出部分解釋；反過來說，也提供如何更能記住我們學過事物的見解。

‧衰退：隨著時間遺忘

第一個遺忘理論是，記憶就是會隨著時間衰退。這想法似乎符合常理。我們對上個星期的事件、新聞與事物，會記得比上個月的事要清楚。今年得知的事回想起來的正確度，會遠高於十年前的事件。根據這份理解，遺忘就只是一種不可避免的時間侵蝕。就像沙漏裡的沙子，當我們離記憶越遠，它們越是無情地溜走。

然而，記憶衰退理論要作爲完整的解釋，仍有其瑕疵。許多人能鮮明地回憶幼兒時期的事件，即使記不得上週二早餐吃什麼。被記得與被忘記的事，似乎也超越了得知時間的遠近，好比生動的、有意義的事，比平庸或反覆無常的資訊更容易被人記起。即使遺忘的要素是單純的衰退，但那似乎不太可能是唯一因素。

・干擾：新記憶覆蓋舊記憶

干擾則主張一個不同的想法：我們的記憶跟電腦裡的檔案不同，會以它們被儲存在大腦中的方式彼此重疊。相似但不同的記憶，便可能以此方式互相競爭。

比方說，若你在學習程式設計，你會學到「for 迴圈」是什麼，並用「重複做某事」的說法來記住它。之後，你會學到「while 迴圈」「遞迴」「repeat-until 迴圈」與「go-to 陳述」。以上每一個指令都與「重複做某事」有關，但方式不同，因此可能會干擾你正確記住「for 迴圈」是在做什麼的能力。

其中還包含至少兩種概念：順向干擾與逆向干擾。順向干擾發生在之前學習的資訊讓獲得新知識變得更困難的時候，可以把這想成要儲存新資訊的「空間」已被占用，因此新記憶要形成就變得比較困難。在你想學習一個字的定義，但那個字在你腦中已有一個不同的聯想，因而產生困難時，就可能發生這種狀況。

再想想心理學的「負增強」概念吧——在此，「負」這個字有「缺席」的意思，而非「壞」的意思，因此「負增強」是透過移除某件事（例如一種痛苦的刺激）來鼓勵某種行爲。然而，因爲「負」這個字之前等於「壞」的意義已經存在，你要記得新概念可能有困難，也容易錯把「負增強」與「懲罰」畫上等號。

逆向干擾則剛好相反，是學會了新事物卻「抹除」或抑制了某個舊記憶。任何學過西班牙語、後來又嘗試學法語的人，都知道逆向干擾會有多棘手，因爲當你想再說西班牙語時，腦中就會不斷跳出法語字來。

・遺忘的線索：一個沒有鑰匙的上鎖盒子

第三個遺忘理論主張，許多我們擁有的記憶並未眞正遺忘，只是無法取得。這裡的概念是，一個人要記得某事，就必須從記憶中把那件事提取出來。既然我們不是同時不斷在經歷全部的長期記憶，就代表若給予某個適當線索，一定有某個過程，可以幫助我們回想起資訊。這種情況下可能發生的，就是提取資訊鎖鏈中的某個環結被切斷了（或許是衰退，或許是干擾），因此整個記憶就變得無法取得。然而，如果修復了線索，或如果能發現另一條通往那個資訊的道路，我們能記得的事就會比現在更多。

這解釋也有一些優勢。直覺上似乎某種程度是眞的，因爲我們都有過話到嘴邊，卻說不出口的經驗，也就是當感覺自己應該記得某個事實或某個字，但就是無法立刻順利召喚出來。這或許也意味著重新學習事物會比最初的學習要快很多，因爲重新學習較接近修理工作，而最初的學習則是全新的建設。就算不完整，忘記線索似乎也很可能是忘記許多事物的一部分解釋。

不過，把忘記線索作爲記憶問題的一個完整解釋，也並非毫無問題。如今許多記憶研究者相信，記憶不是一個被動的過程。在回想事實、事件或知識時，我們是在參與一個充滿創意的重建過程。在試圖憶起的過程中，記憶本身經常受到修改、加強或操弄，於是，那些透過新線索提取到的「失落的」記憶，很可能是虛構的。這在從創傷事件中「康復的」目擊者證詞中，似乎特別常發生，因爲實驗已顯示，即使對實驗對象來說感覺完全可信、極度逼眞的記憶，也可能是不眞實的。

如何預防遺忘？

遺忘是大腦的原始設定，是一種常態，而非偶發的例外，因此我遇過的超速學習者都已設計出各種策略，來處理這無法改變的現實。這些方法，大致可分爲處理兩個看起來類似但又不一樣的問題。

第一組方法，是在進行超速學習計畫的同時，處理保留記憶的問題，也就是：要如何記住你在第一週學到的事，好讓你在最後一週之前，不需要再重複學習學過的內容？這一點，對記憶密集型的超速學習活動來說特別重要，像是路易斯的語言學習，以及克雷格對《危險邊緣》冷知識的精通。在這類領域中，要學習的資訊量經常很大，以致遺忘幾乎立刻就會成爲一個實際的阻礙。

相反的，第二組方法跟計畫完成後所獲得的技能與知識的持久度有關：一旦你把一種語言學到滿意的程度，要如何避免自己在幾年後完全忘記？

我遇過的超速學習者都會想出不同的策略，來對付這兩個問題。有些人，像是克雷格，偏好用花俏的演算法，精心製作出幾乎不會有浪費與無效率的狀況、能讓記憶最大化的電子系統，即使代價是採取複雜度更高的方式。其他像是理查茲這樣的記憶高手，則似乎偏好以簡單取勝的基本方法。

你必須選擇一個會達成你的目標、且簡單到足以持續的記憶方法。在語言學習的密集階段，大量的單字經常代表「間隔式重複系統」對我會有幫助；其他時候，我則偏好跟人對話，來維持口語能力，即使這個方法不是那麼精準。對其他學習主題，只要有持續在練習我需要用到的技能，並具備再度學習的能力，容許某種程度的遺忘，我會過得比較愉快自在。

我的方法或許尚未臻至理論上的理想狀態，但最後可能效果更好，因爲出錯的可能性較低，也比較容易維持。然而，無論確實採用的方法爲何，所有方法似乎都是根據以下四種機制之一來運作，即：間隔法、程序化、過度學習或記憶法。爲了了解不同超速學習計畫使用的差異甚大且獨特的具體方法，以下就來看看每一種保留記憶的機制。

・記憶機制一——間隔法：用重複來記憶

若你在乎的是長期保留記憶，就不要死背硬記，這也是最受研究支持的學習建議之一。因此在較長的學習期間，建議把學習時段分散在較多區間當中，這雖然容易導致短期表現稍微不佳（因爲在區間之間有可能會忘記），但長期下來的表現則會好很多。這是我在ＭＩＴ挑戰期間留意到的一點。在剛開始的幾堂課之後，我便從一次上一堂課，改成同步上幾堂課，把死背硬記的念書時間會對記憶力造成的影響降至最低。

因此，如果你有十個小時可以用來學習某事，用十天的時間，一天學習一小時，會比一次連續花十個小時學習來得合理。不過很顯然地，若學習區間之間的時間變得越來越長，短期效應就會開始大於長期效應。假如你學習某件事是用十年來區分學習區間，很可能在你到達第二個學習時段之前，就會完全忘記所有你學過的東西了。

在太長與太短之間找到確切的平衡點，對部分超速學習者來說一直是個困擾。讓學習時段相距太近，會失去效率；相距太遠，又會忘記已學到的東西。這也是許多超速學習者爲什麼會採用「間隔式重複系統」的原因，試圖用最少的力氣去記住大部分的知識。

「間隔式重複系統」是克雷格記住《危險邊緣》冷知識的一大助力，我也在學習中文與韓文時，廣泛使用這種系統。雖然你可能沒聽過，但其基本原則卻是許多語言學習產品的基礎，包括皮姆斯勒語言學習法、憶術家與多鄰國，這些程式經常把間隔演算法隱藏在後台，如此你就不用自己去煩惱這件事。不過，其他像是開放原始碼的Anki軟體程式，是想拚出更好成績的較極端超速學習者偏愛的工具。

「間隔式重複系統」是很棒的記憶練習工具，但它的應用範圍相當集中。學習事實、知識、單字或定義，非常適合用快閃卡軟體，以一個問題配上一個單一答案的方式，來呈現知識。它比較難運用在複雜一點的知識領域，那種知識要仰賴多元的資訊聯想力，只能透過在眞實世界實踐才得以建立。然而，對某些學習任務來說，記憶的瓶頸太狹窄了，因此即使有些缺點，「間隔式重複系統」仍是拓寬瓶頸的強大工具。一份廣爲流傳的醫學院學生學習指南的作者們，便是環繞著「間隔式重複系統」來建構記憶方法，因爲醫學院學生必須記得太多事，而以時間論，忘記了再重學的代價太高了。

不過，間隔法不需要複雜的軟體。理查茲的故事清楚揭示，只要把單字表列印出來，反覆閱讀，然後不看那些列表，在腦中進行回想操練，就是一種不可思議的有力技巧。

同樣的，半規律性地練習一種技能，也相當有幫助。在我的語言學習年之後，想確保自己沒忘記那些語言，我用的方法相當簡單：一週安排一次三十分鐘的會話練習，方法是透過「italki」，那是個提供世界各地家教與語言交換夥伴的線上平台。這件事我持續了一年，之後就停止，改成一個月練習一次，又持續了兩年。我不知道這樣的練習時間表是否理想，而我在那段時期還有其他自然出現的練習機會，也會有幫助。但我相信那一定比什麼都不做、任由那項技能萎縮要好很多。提到保留記憶時，別讓「完美」成了「不錯」的敵人。

另一個運用間隔法的策略，對較難融入日常習慣的精細技能比較有效，也就是半規律地去做進修計畫。對我在ＭＩＴ挑戰期間學到的事，我便傾向用這種方法，因爲我最想記住的技能是撰寫編碼，那是一週只花半小時很難做到的事。這個方法有個缺點，就是有時會相當偏離最理想的間隔法。然而，若你有準備要做一點重新學習來加以補償，這方法還是比完全放棄練習要好。預先排定這類「維修工作」的時間也會有幫助，因爲那會提醒你，學習不是做一次然後就可以不予理會的事，而是持續一輩子的過程。

‧記憶機制二——程序化：習慣性會持續下去

爲什麼人們會說「就跟騎腳踏車一樣」，而不是說「就跟記得三角函數一樣」？這個常見的比喻，或許是源自比它第一眼看來更深層的神經學上的事實。

有證據顯示，騎單車之類的程序性技能，儲存方式跟了解畢氏定理或三角形正弦定理之類的陳述性知識，是不一樣的。這種「知道怎麼做」與「知道是什麼」之間的差異，對長期記憶來說可能也有不同含義。像永遠記得的騎單車之類的程序性技能，比需要清楚回憶來提取的知識，較不易被遺忘。

我們其實可以善加利用這項發現。有個重要的學習理論主張，多數技能都是分階段進行的，也就是一開始是陳述性的，但隨著練習越多，最後就會變成程序性的。

打字就是「從陳述性到程序性」轉變的完美範例。當你開始在鍵盤上打字時，得記住字母位置。每次你想打 個字，就必須用字母來想，回想每一個字母在鍵盤上的位置，然後移動手指到正確位置上，最後按下。這個過程可能會失敗，你可能會忘記某個鍵在哪裡，需要往下看才能打出來；可是，如果你多多練習，就不再需要往下看。最後，你不用再想那些字母的位置，或思考要如何移動手指去敲鍵盤，你甚至會達到完全不去想字母，就能逐一打出整個字的境界。

此類程序性記憶相當扎實，且經常比陳述性知識記得更久。一個簡短的觀察就足以證實此事：等你真正精通打字，有人要你快速說出「w」這個字母在鍵盤上的哪裡時，你可能需要真的把雙手放在鍵盤上（或想像你正在這麼做）、假裝打那個「w」，才有辦法確定在哪。這正是我在打出這段文字時發生的事。這代表原本的知識主要存取點，也就是你對鍵盤位置的清晰記憶已經褪去，現在需要用被轉譯到你的身體動作中、更持久的程序性知識來回想。若你曾經必須輸入一個你經常使用的密碼或pin碼，或許就會處於同樣的狀況，也就是你是透過感覺、而非它清楚的數字與字母組合來記得它。

程序性知識能被儲存得比較久的事實，或許暗示這是一個有用的捷思法❶。與其平均學習大量知識或技能，你可以更頻繁地加強學習一組核心資訊，讓它能變成程序性知識，且能被儲存得更久。這是我朋友與我的語言學習計畫偶然發生的副作用。被迫要經常說一種語言，代表會常常重複一組核心片語與句型，頻率高到我們倆永遠都不會忘記。這或許並不適用於一堆較少用到的字彙或片語，但會話的起點幾乎不可能忘記。

語言學習的典型方法，即學生從初學者的單字與文法句型「往前進」到較複雜的單字與文法句型，或許避開了這個方法，以致沒有重複練習，那些主要句型就會無法停留在記憶中多年。

無法把核心技能完全程序化，是我的第一個大型自學嘗試「MIT挑戰」的一大缺點，那也是我在後續語言學習和人像素描計畫中，能加以改善的地方。儘管MIT挑戰確實有經常被重複的核心數學與程式設計技能，但最終被程序化的部分卻較隨性，而非反映一種要讓應用資訊科學的首要技能習慣化的有意識決定。

大多數我們學習的技能，都並未完全被程序化。或許可以透過習慣性地做那些技能的某些部分來強化記憶，但其他部分就仍需要我們主動在腦中搜尋。比方說，你或許不用思考就能輕易把一個變數從代數方程式的一邊移到另一邊，但當涉及指數或三角，你可能就必須多思考一下。或許拜其本質所賜，某些技能無法完全被習慣化，也會永遠需要一些有意識的思考，而這也創造了一種知識的有趣組合：有些事經過較長的時間能相當穩定地被記住，其他的則容易被遺忘。

運用這個概念的策略❶之一，或許是確保在練習結束前，有一定的知識量完全被程序化。另一個方法，或許是格外努力去程序化某些將來可作爲其他知識的線索或存取點

---

❶根據《超普通心理學》一書中解釋，捷思法是：「人們在日常生活中自然地傾向應用，且通常會得到正確答案的思考捷徑。然而，卻未必會有正確的推論結果。」

的技能。例如，你可以立志把你用來開始進行一項新程式設計專案的過程全部程序化，好讓你能度過那個編寫新程式過程中的困難階段。

以上策略都帶有一點推測性質，但我認爲知識「從陳述性到程序性」的轉變方法還有許多待開發的潛力，有賴未來更多聰明的超速學習者加以應用。

・記憶機制三——過度學習：超越完美的練習

過度學習是個受到充分研究、也相當容易理解的心理現象：做出比「表現良好」更多的額外練習，能拉長記憶儲存的時間。典型的實驗設定是給受試者一項任務，像是組一把來福槍，或仔細檢查一份緊急程序查核清單，給他們足夠時間練習，讓他們能正確做一次。從完全不會到這一刻所花費的時間，被視爲「學習」階段。接著，讓受試者有不同的「過度學習」量，或在第一次正確應用後仍持續練習。既然受試者已經能正確地做這項技能，越過這一點之後，表現沒有改善，但過度學習可以延長這項技能的耐久性。

在研究過度學習的典型實驗中，過度學習效應的持續期通常相當短，在一個學習時段練習久一點，能使回憶多保留一、兩個星期。這可能意味著過度學習主要是一種短期現象：對急救或緊急應變措施之類的技能有用，那種技能很少被執行，但在定期訓練課程之間必須記得很清楚。可是我不禁推想，若試著在較長的計畫中，把過度學習跟間隔法和程序化結合起來，或許會帶來較長久的影響力。比方說，在我個人畫人像畫的經驗中，我從維特魯威工作室學到的用來畫出臉部器官的思考過程，已經被重複太多次，以致很難忘記，雖然我練習的時間只有一個月；同樣的，即使在間歇期沒有練習，我仍能記得在MIT挑戰時期學到的某些程式設計或數學的反射（reflex），因為練習模式剛好是重複的次數遠多於做好所需的次數（這些知識往往是更複雜問題其中一個常見構成要素）。

過度學習與直截了當的法則有巧妙的吻合，因為頻繁地直接使用一項技能，會包含過度練習某種核心能力，那要點因而經常對遺忘極具抵抗力，即使在多年以後。相反的，學院裡的科目經常把練習平均分配，以涵蓋全部課程，好達到每個領域的最低能力水準，而不管各個課程對實務應用的重要性多寡。許多我認識的人，曾透過多年正式學校課程學過我也會說的語言，他們都擁有比我多很多的單字量，或是對細微文法差異的知識，然而，他們也可能在很基礎常用的片語上犯錯，因為他們是平均學習每一件事實與技能，而非過度學習極常見的某些字詞。

我見過兩個運用過度學習的主要方法。第一是核心練習，持續練習並精修一項技能的核心要素。在完成最初的超速學習階段之後，這個方法搭配某種沉浸式學習或進行廣泛的（與密集相反的）計畫，通常效果更好。這裡的「從學習轉到實做」，事實上可能涉及一種更深刻微妙的學習形式，不應被低估爲只是在應用之前學到的知識。

第二個策略則是預先練習更高一階的技能，如此當你把較低階技能的核心部分應用在較困難的領域時，那些部分就可被過度學習。一項針對學代數的學生所做的研究，證實了這種策略。大多數上過一門代數課、並在多年後重新接受測驗的學生，已經大量忘記他們學過的東西——這可能是因爲那些資訊確實已經失去，也可能只是因爲線索被遺忘，使得大部分資訊無法取得。有趣的是，這個遺忘速率在成績較好與較差的學生身上是一樣的；也就是說，成績較好的學生記得的比較差的學生多，但他們遺忘的速率是相同的。不過，有一群人在遺忘這件事上並未顯示出如此劇烈衰退的現象，即那些有修過微積分的學生。這暗示了往上一層學習一項較進階的技能，可以讓之前或更基礎的技能被過度學習，因而預防了某些遺忘的發生。

・記憶機制四——記憶法：一張圖可記住一千個字

最後一個我遇過的超速學習者常用的工具是記憶法。記憶法策略有許多種，但全都一一介紹不屬於本書範圍。它們的共同點在於往往具有高度特定性，也就是說，是設計來記住特定模式的資訊；其次，內容通常包含把抽象或多變的資訊，轉譯成生動的圖像或空間分布圖。

記憶法奏效時，成果之好可能讓人難以置信。背誦圓周率的金氏世界紀錄保持人拉吉維爾・米納（Rajveer Meena），知道小數點後的七萬位數字；記憶冠軍賽中的記憶法高手，能在六十秒內記住一副牌中每一張牌的排列順序，也能在只花一、兩分鐘研讀之後，就逐字背出一首詩。這些成就相當令人印象深刻，更棒的是，任何有足夠耐心去實行那些方法的人都能學會。記憶法是如何發揮功效的呢？

一個常見也有用的記憶法被稱爲「關鍵字法」，其運作方式是，先挑一個外文字，然後把它變換成某個聽起來是用你母語說的字。例如，如果我要用法語來做這件事，我可以把「chavirer」（翻覆）這個字變換成「shave an ear」（英文意思是「刮一隻耳朵」），這樣後者的發音就夠接近到足以作爲一個回想原本那個字的有效線索。接著，我會在腦中創造一個影像，把那個外文字的擬音版與其原意的一個影像，用奇異且難忘的生動想像場景結合起來。在這個例子中，我想像一個巨大的耳朵正在修剪一把長長的鬍子，同時坐在一艘翻覆的船上。然後，每當我需要記起法語的「翻覆」是什麼，我就會想到英語的「capsize」（翻覆），再回想我精心設計的圖畫，而那又連結到「shave an ear」，於是……「chavirer」就出現了。

這過程聽來很沒必要地複雜又精細，卻能把一個困難的聯想（在任意發出的聲音與一個新意義之間），改成幾個較易於聯想的字與記憶連結，並從中得到好處。經由練習，這類的變換每一次只要花十五到二十秒，對記憶外文新詞也確實有幫助。

這種特定記憶法對記單字很有用，但還有其他記憶法對記憶清單、數字、地圖，或某個流程中的步驟順序也很管用。為了對此主題有良好的初步理解，我高度推薦喬許・佛爾的書《記憶人人hold得住：從平凡人到記憶冠軍的眞實故事》。

記憶法效果極佳，再加上練習，任何人都做得到。那麼，為何這方法不是被放在本章的前面與中間，而是在最後呢？我認為記憶法跟間隔式重複系統一樣，是非常強大的工具，能為不熟悉它們的人打開新的可能性。然而，對已經花了很多時間在探討記憶法、並運用到眞實世界學習中的我來說，這些方法的應用範圍，卻比剛開始接觸時看來要狹窄不少，而且在許多眞實世界場景中，其實不值得花那個力氣去做。

我認為記憶法有兩個缺點。第一個是，最令人印象深刻的記憶法系統（像是背誦圓周率的數千個數字的記憶法），也需要可觀的前期投資。做到了以後，你自然可以輕易背誦數字，但這其實不是一個非常有用的任務。我們的社會大多能接受人們通常無法背誦精確數字的事實，也因此有紙張與電腦替我們代勞。第二個缺點是，用記憶法來回想，通常不如直接回想那麼讓人習慣使用。雖然記一個外文字的記憶法，總比完全無法記憶來得好，但速度還是太慢，無法讓你根據用記憶法記住的字，流利地說出句子。因此，記憶法可作爲難記資訊的橋梁，但通常不是創造永久持續記憶的最後一步。

所以，記憶法是個極爲有力但多少有所受限的工具。如果你在做的工作需要背誦以特定格式儲存的高密度資訊，特別是當那些資訊將被使用好幾個星期或好幾個月，記憶法能讓你的大腦用以前從未想過的方法來做事。或者，當資訊非常密集，記憶法也可被用來作爲調節策略，好讓最初的資訊獲取比較順利。我發現記憶法對語言學習與專業術語很有用，而且，搭配間隔式重複系統，可以形成一座有效率的橋梁，從感覺彷彿不可能有辦法記得一切，到牢牢記住，以致不可能遺忘。

確實，在紙張、電腦與其他把記憶具體化的工具出現之前的世界，記憶法是王道。然而，大多數人無法像電腦那樣記住事情，現代社會生活也已發展出絕佳對應機制，所以我對記憶法的看法比較傾向是很酷的訣竅，而非你應該把你的學習努力建立在上面的基礎。

不過，也有一小群忠實的超速學習者是強烈忠於應用記憶技巧，因此我說的話不應該是最後定論。

打贏對抗遺忘的戰爭

記住知識，終究是爲了要對抗人類不可避免的遺忘傾向，這過程會發生在我們每個人身上。然而有些策略，像是間隔法、程序化、過度學習與記憶法，能有效對抗你短期與長期遺忘的速度，最後對記憶產生巨大影響。

我以理查茲神祕的拼字遊戲高超技藝，作爲本章開場。他如何有辦法如此快速想起這麼多字，並在一組混亂的字母牌中看出它們，可能仍是個謎，但從表面上我們對他的認識，的確完全符合其他已在密集記憶力領域占領導地位的超速學習者的形象：主動回想、間隔式排練，以及一種對高強度練習的熱切承諾。你我是否有意志力做到像理查茲那樣的水準，還有待商榷，但透過用功努力與好的學習策略，在我看來，似乎不一定會輸掉對抗遺忘的戰爭。

雖然拼字遊戲練習可爲理查茲帶來記住他不知道意義的字彙的好處，但現實生活獎勵我們的，常是一種不同的記憶：把知識整合成對事物深刻理解的記憶。在下一個法則中，我們要來看看從記憶到養成直覺的過程。

第十一章

法則8：培養直覺——先深掘，再累積

了解一個陳述的意義之前，別問它是否正確。

——數學家艾瑞特・畢肖普

對世人來說，理查・費曼是位古怪的教授與諾貝爾物理獎得主；對他的傳記作者來說，他是個天才；而對認識他的人來說，他是個魔術師。

他的數學家同事馬克・凱克（Mark Kac）曾主張，世上有兩種天才。第一種是一般的天才：「一旦我們了解別人做到了什麼事，我們就很確定自己也辦得到。」另一種天才則是魔術師，他們的大腦以不可思議的方式運作，以致「即使我們了解他做了什麼事，對於他做那些事的過程，卻完全不可知」。依他的判斷，費曼就是「最高水準的魔術師」。

別人努力了好幾個月的問題，費曼可以一看就知道解法。他在中學時參加數學競賽，經常在問題還沒說完之前，就算出正確答案；對手才剛開始計算，費曼就已經在考卷上圈出答案。

大學時期，費曼去參加普特南數學競賽，勝利者能得到哈佛獎學金。這比賽出名地困難，需要的是聰明的訣竅，而非直接運用之前學過的原則。時間也是個要素，有幾場考試的分數中位數是「0」，代表一般參賽者連一題都沒答對，費曼卻早早就走出考場，最後得到了第一名。他的成績與名單上排在他之後的四位參賽者差距之大，讓他的好兄弟感到非常驚訝。當時最知名也最重要的物理學家之一波耳，在參與二次世界大戰時研發原子彈的曼哈頓計畫工作期間，要求直接與費曼談話，想在跟其他物理學家談話之前，先把他的想法告訴這名年輕研究生。「他是唯一不怕我的人。」這是波耳的解釋。「（費曼）會指出我的荒謬想法。」

費曼的魔法也不局限於物理。還是個小孩的他，就會到處去幫人修理收音機，部分是因爲在經濟大蕭條時期，付錢請成人修理的代價太高，同時也因爲那些收音機主人對他的修理過程大感好奇。有一次，他爲了試著搞懂爲何收音機打開時會發出一種可怕噪音，而陷入沉思，那部收音機的主人開始變得不耐煩。「你在幹嘛？我請你來修收音機，但你只在這裡走來走去！」結果費曼回答：「我在思考！」那位主人一聽，被費曼後來出名的大膽嚇了一跳，笑著說道：「他用想的就把收音機修好了！」

在曼哈頓計畫中的原子彈建造期間，年輕的費曼把空閒時間都用來撬開主管桌子與櫃子的鎖。有一次，他侵入一名資深同事的檔案櫃，當作是個惡作劇，裡面存放的可是打造原子彈的祕密。另一次，他向一位陸軍軍官示範開鎖技巧，結果那位軍官沒有修正安全漏洞，反而認定適當的因應方式是警告所有人「別讓費曼接近保險箱」！後來，費曼碰到一名鎖匠跟他說：「天啊！你就是費曼——那個了不起的開鎖高手！」他才發現自己聲名大噪到這種程度。

他也是出了名的「人工計算機」。在一次去巴西的旅途中，他跟一名算盤銷售員短兵相接，比賽計算像是一七二九．〇三的立方根這種困難數字。費曼不僅算出正確答案十二．〇〇二，還算到比那名算盤銷售員更多的小數位數——銷售員氣急敗壞地算到十二時，費曼就展示出自己已算到小數點後第三位了。這種能力也讓其他專業數學家印象深刻，費曼跟他們說，任何在十秒內能說完的題目，他可以在一分鐘內算出答案，誤差不超過正確數字的百分之十。那些數學家對他拋出像是「e的三．三次方」或「e的一．四次方」之類的問題，而費曼幾乎都有辦法立刻說出正確答案。

解開費曼的魔法

費曼當然是個天才。許多人，包括他的傳記作者詹姆斯．葛雷易克也都滿意這樣的說法。畢竟，一個魔術技法在沒人知道是怎麼辦到時，最令人讚嘆。或許那也是許多對費曼的描述都聚焦在他的魔力、而非他的方法的原因。

雖然費曼非常聰明，他的魔法仍有缺陷。他的數學與物理能力優於他人，但在人文學科的表現卻非常糟。他大學的歷史成績是班上倒數第五名，文學是倒數第六名，美術成績更是比百分之九十三的同學都要差。有一次，他甚至要靠考試作弊才能及格。

費曼的智商在學校測得的數字是一二五，一般大學畢業生的智商是一一五，所以費曼的智商只高了一點。或許正如後來一直有人爭論，費曼的天才無法反映在他的智商上，也或許那單純是因爲智商測驗執行不良。無論如何，對一個因不可思議的心智而受到世人盛讚的神人來說，這些事實提醒我們，費曼也是個凡人。

那費曼的心算能力又該怎麼說？針對這一點，費曼曾解釋過他如何能比算盤銷售員或他的數學家同事算得快這麼多。

一七二九．〇三的立方根？費曼解釋道：「我剛巧知道一立方英尺有一七二八立方英寸，因此答案必定是十二多一點點。多出來的一．〇三呢，大約是兩千分之一，而我在微積分課裡學過，就小分數而言，立方根超出的部分是數字超出部分的三分之一。因此我只需要算一七二八分之一是多少，再乘以四（即除三再乘十二）。」

而e的一．四次方？費曼透露：「因爲放射性研究（平均壽命與半衰期）的關係，我知道以e爲底的二的對數，等於○．六九三一五（因此我也知道e的○．七次方差不多等於二）。」要算出e的一．四次方，他只需要把那個數字自乘一次。

「全憑運氣而已。」費曼這麼解釋。祕密在於他對某些計算結果的驚人記憶力與對數字的直覺，讓他能夠利用內插法，也就是在一定範圍往內推算、求出新數據的方法。而向他出考題的人剛好做出的選擇，讓他很幸運地得以對外留下具有神奇計算能力的印象。

那知名的開鎖能力又怎麼說？再一次地，那也是魔術，跟一名魔術師演出熟練的把戲是一樣的意思。他對於想出數字鎖的運作原理非常著迷，一天，他發現在保險櫃的鎖打開時，隨意撥動上面的數字盤，可以找出數字鎖的後兩個數字。離開那人的辦公室後，他會把那兩個數字記在一張紙條上，之後就能偷溜進去，用點耐心破解剩下的數字，把那些邪惡的紙條拋諸腦後。

甚至他對物理的神奇直覺，也有其解釋：「我有一套方法，甚至到了今天，當我想努力弄明白別人對我說明的是什麼時，我還在使用：那就是不斷舉實例。」他會試著想像一個方程式描述的情境，而非死板依循定理原則。得到較多資訊後，就把方程式實際用在他的例子上。於是當跟他對談的人犯錯時，他就能看出來。「他們告訴我這個定理的各項條件時，我便一邊構思符合這些條件的情境。當他們說到數學上的『集』時，我便想到一顆球；兩個不相容的『集』便是兩顆球。然後，隨著他們加上更多條件，球可能變換不同的顏色、長出頭髮，或發生其他千奇百怪的可能狀況。最後，當他們提出那個寶貝定理，我只要想到那跟我長滿頭髮的綠球不吻合時，便宣布：『不對！』」

或許，費曼擁有的不是魔法，而是對數字與物理不可思議的直覺。這或許貶低了他大腦運作方式與你我有根本上不同的想法，但並未否定他驚人的功績。畢竟，即使知道費曼巧妙手法背後的邏輯，我還是無法像他那樣輕鬆算出數字，或用我的腦子理解複雜的理論。這解釋不會讓人恍然大悟、發出滿意的喟嘆，就像揭露魔術師的把戲是某種微不足道的事一樣。因此，我們需要更深入探究，去了解像費曼這樣的人，最初是如何發展出這種不可思議的直覺。

魔術師腦中的世界

心理學研究人員曾調查，像費曼這種直覺高手的思考方式與新手有何不同。在一項知名研究中，讓物理系博士研究生與大學生解答一組物理學問題，並要求他們把問題進行不同分類。結果高下立判。相對於初學者傾向只看問題的表面特徵，像是某個問題是否關於滑輪或斜面，高手則是聚焦於作用的更深層原則。「啊，這是能量不滅的問題。」當高手用物理原則來爲問題進行分類時，你幾乎可以聽見他們這麼一致說道。這種方法比較能成功解決問題，因爲可直搗問題運作的核心。一個問題的表面特徵，不總是與解決問題所需的正確步驟有關。新手需要較多嘗試與錯誤才能瞄準正確方法，反之高手卻能立刻用對的方法開始解題。

如果原則優先的思考問題方法有效得多，新手爲何不從那裡著手，反而先處理表面的問題？答案或許很簡單：他們沒辦法。唯有累積夠豐富的解決問題經驗，才能建立一種理解其他問題運作方式的深層心理模式。說到直覺，可能覺得很神奇，但事實或許平凡許多，也就是**直覺是大量有條理地處理問題經驗的產物**。

另一項研究對爲何事實可能是如此，提供一種解釋，這次是比較下棋高手與初學者。透過讓高手與初學者看一組特定的西洋棋布局，然後要求他們在一張空白棋盤上加以重現，來測試他們對西洋棋局面的記憶。結果高手記得的比初學者多得多。新玩家必須把棋子逐一放上去，且經常無法完全記得詳細位置；相反的，高手則是同時放入符合某種可辨識棋型的幾顆棋子，以較大的「區塊」來記住棋盤。心理學家用理論來說明，高手與新手之間的差異，不在於大師級玩家能領先算出更多步，而是他們已從實際下棋經驗中，建立一座巨大的心智表徵資料庫。研究人員估計，要到達專家的程度，必須在長期記憶中儲存大約五萬個這種心理「區塊」。這些表徵讓他們能記下一組複雜的西洋棋布局，然後縮減至幾個能直覺運用的主要棋型。缺乏這種能力的初學者，則必須用一個單位來代表每一顆棋子，也因此會慢很多。❶

然而，這份西洋棋特級大師的能力，僅限於來自眞實棋賽的棋型。若給初學者和專家一盤隨意擺放的棋（即並非出自正常棋局的棋盤），專家就不再表現出相同的明顯優勢。沒有記憶中的棋型資料庫可供使用，他們就得依靠初學者逐一記住每顆棋子的方法來記憶棋盤。

這項研究讓我們得以瞥見像費曼這樣偉大直覺高手的大腦運作方式。他一開始也是聚焦於原則，建立切中問題的事物核心實例，而非聚焦於表面特徵。他做到這一點的能力，也是靠一座儲存物理與數學模式的資料庫建立起來的。他的心算本領似乎令我們印象深刻，對他來說卻微不足道，因爲他就是剛好知道這麼多數學模式。跟西洋棋特級大師一樣，因爲他已從物理的實際經驗中建立了一座模式資料庫，所以給他實際的物理問題時，就能快速勝出。然而，若他的研究主題不是基於那些假設，他的直覺也會讓他失敗。費曼的數學家朋友就會用數學中違反直覺的定理來測試他，當程序的特性（像是一個物品可以被切成無數個小塊）違反了正常物理限制時，他的直覺解題法就不管用了。

費曼的魔法就是他不可思議的直覺，那源於他玩了數學與物理模式很多年。模擬他的學習方法，能讓其他人捕捉到一部分那樣的魔法嗎？就讓我們來看看費曼學習與解決問題的招牌方法，並試著揭開一些魔術師的祕密。

如何建立直覺？

光是花很多時間學習某事，不足以產生深刻的直覺。費曼自身的經驗證實了這一點。在很多場合，他都會遇見記得特定問題解答的學生，但他們卻不知道那些解答要如何運用在教科書以外的範圍。

有一次，費曼騙一些同學相信一把曲線尺（用來畫曲線的器具）是特別的，因爲

---

❶ 值得一提的是，並非所有研究者都同意區塊模式。提出「刻意練習」的心理學家艾瑞克森就偏好另一種稱為「長期工作記憶」的模式。其中的差異大多是技術上的，而兩種模式都指出同樣的觀念：專長是透過大量針對特定內容的練習而獲得的。

無論你怎麼拿它，每條曲線最低點的切線一定都是水平線。然而，這對任何平滑的形狀來說都是事實，而且他的同學應該都理解這只是基本微積分知識。費曼把此事視爲一種特別「薄弱」學習法的例子，因爲學生往往沒能想到要把學到的事與教科書之外的問題連結起來。

那麼，我們要如何避免相同的命運呢？也就是明明花很多時間學習，卻沒有眞正培養出那種讓費曼成名的靈活直覺。此事沒有明確的做法，而適量的經驗與痛苦的學習過程肯定有幫助。不過，費曼自己對他學習過程的描述，爲他如何用不同的方式做事，提供一些有用的指導方針。

・規則一：別輕易放棄困難的問題

費曼很著迷於解決問題。從他小時候研究收音機開始，他就會固執地與一個問題奮戰到解決爲止。有時收音機主人會開始不耐煩，他回憶道：「如果當時（他）跟我說：『算了，這太費事了！』我一定大爲光火，因爲我非要擊敗這台鬼收音機不可，我都花這麼多工夫了。」這種傾向延續到數學與物理上。他經常避開較簡單的方法（像是拉格蘭茲法），強迫自己痛苦地徒手計算所有的力，只因爲用後者能讓他了解得更清楚。費曼是個堅持解決問題的高手，他的堅持遠高於他人對他的期待，而這一點本身或許就是他許多非正統思考法的根源。

你可以在自己學習的過程中採用這一點的一個方法，就是在處理問題時給自己一個「掙扎計時器」。當你想放棄，認爲不可能想出某個困難問題的解決方式，就試著把計時器再多設定十分鐘，多逼迫自己一點點。這段掙扎時間的第一個好處是，如果你對擺在面前的問題做了足夠的思考，通常都能解決。第二個好處是，即使你失敗了，當你事後碰到解答的方法，你會更有可能記住。正如提取記憶法則那章所提及的，提取正確資訊的困難（即使困難的原因是那個資訊根本不存在）能爲你之後把資訊記得更清楚做好準備。

・規則二：用證明過程來理解

費曼說過一個故事，他第一次接觸李政道與楊振寧的研究成果時宣稱：「我無法了解李政道與楊振寧在說的東西，這全都這麼複雜！」他的妹妹小小嘲笑他說，問題不是他無法理解它，而是他沒有發明它。後來，費曼決定從頭到尾細心看完那些論文，發現其實沒那麼難，只是他一直害怕去讀罷了。

雖然這故事描繪出費曼的一個怪癖，但也很發人深省，因爲這說明了他學習方法中的一個重點。費曼對事情的專精，並非透過遵循他人的答案；取而代之的是，他透過在腦海中努力重建出那些答案，才變得對物理如此擅長。這有時可能是個缺點，因爲會讓他重複做工與重新發明已經以其他形式存在的過程，但他透過自己思考答案來了解事物的決心，也有助於建立深度直覺力。

費曼不是唯一使用這方法的人，愛因斯坦小時候也是透過證明數學與物理命題來建立直覺力，他最早的數學冒險之一，就是試圖以相似三角形爲基礎來證明畢氏定理。這也象徵了他們兩人都有一種認爲自己「了解」某事之前，會更深入探究的傾向。費曼之所以嘲弄地說，搞不懂李政道與楊振寧的研究成果，不是因爲眞的不懂，甚至他對那問題背後的大部分作用都很熟悉。眞正的原因或許是他對「理解」的想法深入許多，也比較是以自己去證明答案爲基礎，而非只是讀到什麼就同意什麼。

然而，誤認爲你了解自己並不了解的事，是滿常見的現象。研究員麗蓓嘉．勞森（Rebecca Lawson）發現人們常有「理解深度的錯覺」。研究討論到，我們判斷自己學習能力的想法，不是直接產生，而是透過各種信號，像是評估我們是否知道一件事實相當容易，問你法國的首都在哪裡，「巴黎」這個詞要不是出現在你腦中，要不就是沒有；然而，問你是否理解一個觀念就困難多了，因爲你可能有一點了解，但並不足夠。

這裡有個完美的思想實驗，能幫助你了解問題出在哪裡。拿出一張紙，然後試著簡略畫出一部腳踏車的樣子。不必畫出一幅藝術品，只要試著把座椅、把手、輪胎、踏板與腳踏車鏈，都放在正確的位置。你可以做到嗎？

別用只是試著想像腳踏車來作弊，確實看你是否畫得出來。若你手邊沒有筆或紙，可以藉由說出腳踏車哪個部位連接到哪裡來模擬。你有試過嗎？

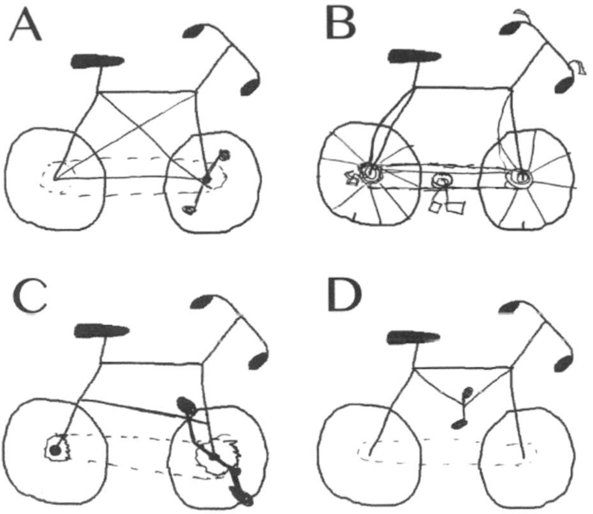

有趣的是，勞森的研究要求參與者做的正是這件事。如上面這些圖清晰呈現的，多數參與者並不知道那些機械裝置是如何被組裝起來的，儘管他們常常騎腳車，也認爲自己相當了解。理解的錯覺常是通往更深層知識的屏障，因爲除非實際去檢測那份能力，否則你會很容易誤導自己，以爲你了解的比你確實了解的更多。費曼與愛因斯坦透過證明來了解命題的做法，某種程度上避免了犯下這種錯覺，那是用其他方法很難做到的。

你是有辦法把腳踏車畫對的幸運者之一嗎？試著再做一次那個練習，但這次改畫一個開罐器。你能解釋它是如何運作的嗎？有多少齒輪？它是如何切開蓋子的？這個練習困難多了，但我們多數人都會說自己了解開罐器！

・規則三：永遠從具體例子開始

人類無法用抽象的方式把事情學得很好。針對學習遷移的研究顯示，多數人只有在實際接觸許多具體實例後，才能學會抽象、一般的規則。只告訴你一個通則，就期待你能運用到具體情況中是不可能的。彷彿預知這份觀察報告似地，費曼自己就會提供具體實例，即使沒人提供給他。在腦海中徹底想過一個清晰的例子，他就能跟著學習並了解那數學題目想證明什麼。

跟著自己想出的例子學習，能在教材出現時對其產生一種較深層的理解。一項來自記憶相關文獻、被稱爲「處理深度效應」的發現顯示，**決定你會記得什麼的，不只是你花多少時間注意資訊，更重要的是，你在注意那個資訊時是如何思考它的。**在一份針對這個效應的研究中，參與者被要求檢閱一份單字表。一半的參與者被告知那是爲了做一項測驗（因此他們有了學習動機），其他人則只被告知去檢閱那份清單。在每一組當中，再根據參與者用來檢視清單的定向技巧分組。一半的人被要求注意那些字裡有沒有包含字母「e」，這是一種相當淺的處理層次；其他人則被要求注意清單中的字是否令人愉悅——跟注意拼字相比，對文字意義的感受是較深的處理層次。研究結果顯示，有沒有學習動機並無差別，告訴學生是為了做一項測驗而念書，不會影響最後能記得多少；可是，定向技巧卻能造成很大的差異，深層處理字詞的學生記得的字彙量，比只掃描字詞拼法的學生多了將近兩倍。

費曼將問題發展成具體例子的習慣，可視為深度處理資訊的代表例子，這不僅能強化並保留記憶，也能促成直覺上的理解。這種技巧也能帶來一些回饋，因為當你無法想像出適當的例子，就代表你對某事的了解不夠深入，並能讓你在繼續學下去之前，先後退幾步，把那些教材學得更好而受益。利用有豐富回饋的過程來測試自己是否了解某事，就是費曼學習風格的一大特點。

‧規則四：別欺騙自己

「別欺騙自己」是費曼最廣為流傳的格言之一，他還加以補充：「而你是最容易欺騙的人。」他對自己的理解抱持很深的懷疑，也預示了當前心理學上的「再現危機」（即研究結果因諸多原因無法被重複驗證所造成的危機），質疑許多社會科學家其實都在欺騙自己，相信他們發現了某些尚未發現的事。我推測這份洞見部分源自他對於什麼才算是真正的「了解」，已培養出嚴苛的認定標準。

所謂達克效應，就是某人對某一主題的理解明明並不充分，卻相信自己比眞正具備該主題知識的人了解更多。之所以會發生這種現象，是因爲當你缺乏某個主題的相關知識，通常也會缺乏評估自身程度的能力。你對一個主題學得越多，出現的問題也會越多，這是事實；另一方面，你問的問題越少，對那個主題的認識也可能會越少。

避免這種自欺問題的方法之一，就是問很多問題。費曼也採用這方法：「有些人一開始會覺得我反應有點慢，不了解問題所在，因爲我問一大堆『笨』問題，像『陰極是正的，還是負的？陰離子是這樣的，還是那樣的？』」我們之中有多少人缺乏問「笨」問題的自信？費曼知道自己很聰明，所以做這種事對他來說不是問題。諷刺的是，藉著問出答案看似顯而易見的問題，他還注意到了所研究事物當中「不太明顯」的更多意涵。

爲了想讓自己看來很有學問，而努力避免提問，這種傾向要付出很大的代價。在巴西授課時，費曼的學生經常抱怨他爲什麼老問一些他們已經知道答案的簡單問題，而不是講課，不明白爲何要浪費寶貴上課時間在這樣的練習上。費曼後來發現，眞相是許多學生都不知道答案，但不想在其他同學面前承認，便錯誤地假定自己是唯一不知道答案的人。清楚地解釋、問「笨」問題，能讓你免於欺騙自己，以爲你知道某些自己並不知道的事。

費曼技巧❷

我剛讀到費曼的故事時，便深受啓發，想試著把這許多不同的觀察結果，制定爲一個我能運用到自己學習上的具體方法。我把這個成果命名爲「費曼技巧」，並在我MIT挑戰期間大量運用。使用費曼技巧，可以幫助你培養出與正在學習的觀念相關的直覺。這可以用在你完全不了解一個觀念時，或你對某件事只有一點了解、但眞的想把它變成一種深刻直覺時。

方法相當簡單：

1. 在一張紙的最上方，寫下你想了解的觀念或問題。
2. 在下方空間解釋那個想法，彷彿你必須傳授給他人。
   (a) 若是個觀念，問你自己，你要如何把這觀念傳達給過去從未聽過的人。

❷ 稱此為「費曼技巧」或許是不智的。費曼是否明確用過這個方法並不清楚，因此我可能不經意地賦予這項技巧它不具有的顯赫歷史。此外，費曼對物理學最偉大的貢獻之一是「費曼圖」。「費曼技巧」可以產生具體圖樣，雖然不一定是「費曼圖」。

(b)若是個問題，就說明該如何解答；重要的是，要說明你爲何認爲解題步驟是合理的。

3. 當你卡住了，就代表你的理解無法提供清楚解答，請回去找書、筆記、老師，或參考資料，直到找出答案爲止。

這個方法的關鍵，就是要努力避免「理解深度的錯覺」。我們的許多理解從未被明確說出來，因此容易誤以爲自己已明白其實並不理解的事。「費曼技巧」可以透過強迫你詳細清楚說出想了解的觀念，來避免這個問題。就像快速畫出一部腳踏車，就可以確認你是否對其構造有基本認識，使用費曼技巧會快速揭露你對學習主題究竟理解多少。那麼，當你要奮力解釋新接觸觀念的內容時，你理解中的任何缺口都將變得顯而易見。

費曼技巧本身有些細微差別，可以根據你欠缺的某些直覺能力，以幾種可能有用的方式應用。

・應用一：你完全不了解的事物

使用這個技巧的第一個面向，就是在你對某事完全不了解的時候。在這種情況下，最簡單的方法就是一邊做、一邊手裡拿著書，然後來回對照你的解釋與書中的解釋。這會少了提取練習的好處，但當你看到的解釋讓你感到困惑時，那通常是必要的。費曼在有人給他看很難懂的哲學語言時，也做過類似的事：

我感到很不安，覺得自己「不夠格」，但最後我跟自己說：「停下來，慢慢地把一句話讀完，好好弄清楚到底在說什麼鬼東西。」

於是我停下來，隨意停頓，先仔細讀那句話。記不清它的原文了，但跟這很接近：「社會群體下的個體分子，常常透過形象化的、符號化的管道，來獲得資訊。」我反覆地讀，把它翻譯出來。你可曉得它是什麼意思？那就是「大家都閱讀」！

雖然費曼的方法，比較是爲了描述無聊議題刻意使人困惑的本質，而非想了解意義上的細微差異，但每當你在學習任何無法理解的事時，這方法仍有幫助。

MIT挑戰期間，我在上一堂機器視覺課程時，就用到這個技巧。像我本來不懂什麼是「攝影測量」，那其實是一種根據一系列在不同燈光條件下拍攝的2D影像，來決定一件物品3D形狀的技術，背後牽涉到一些困難概念，因此我不太了解細節上怎麼運作。於是我把教科書放在身邊，寫了好幾頁筆記，試著描繪出那概念的大致輪廓，好讓自己了解一般要點。

・應用二：你似乎無法解決的問題

第二個運用這種技巧的面向，是爲了解決一個困難問題或精通某種技術。在這種情況下，一步步克服問題，同時做出解釋，而非只是總結，是非常重要的。只做總結可能會忽略問題的主要困難點。更深入或許很花時間，但能幫助你一次就牢牢掌握一個新方法，而非需要重複無數次去記住步驟。

我在一堂電腦繪圖課中，便運用這方法去學習一種我覺得很困難的「網格加速」技巧。這是一種透過避免去分析「顯然」不會出現在你正繪製圖片螢幕上的物件，來加速光線追蹤繪圖系統效能的方法。爲了更能掌握技巧，我便用這方法去克服問題，一邊畫了一個我想像自己正在繪製的小雪人，從代表攝影機的一顆雪人眼球中，發射出許多線條。

・應用三：為了擴展直覺

最後一個運用此法的面向，是理解一些如果能對它們擁有絕佳直覺，會對你非常有幫助的重要觀念。在這項應用中，你應該試著把焦點放在想出說明的實例、比喻或視覺形象，讓知道得比你少很多的人，也能了解這個觀念，而非把焦點放在解釋每個細節或贊同原始內容。

想像有人付錢請你寫一篇雜誌文章來解釋那個觀念，而不是試著教導那個觀念。你會用什麼樣直觀的視覺呈現，來明確解釋抽象的概念？哪些例子可以讓一個通則變得更充實且具體？你要如何讓令人困惑的事變明確？

在MIT挑戰早期的電磁學課程中，我利用此法來了解電壓的概念。雖然我能在問題中自在運用，但我不覺得自己對此概念擁有良好直覺。它顯然不是能量、電力或某個東西的流，不過還是很難在腦中想像出在一條電線上的抽象概念影像。使用這技巧、並把那些方程式與重力方程式做比較之後，我變得更清楚理解電壓對電力的意義，就像高度對地心引力的意義。如此一來，我就能想出一個視覺影像了：電線就像位於不同高度的飲水槽；電池就像馬達，把水往上打；電阻器則像管徑不同、用來阻止水流流光的垂落水管。雖然飲水槽與水管的畫面對於解開方程式來說並非必要，但會長存在我記憶中，比起抽象的電壓量，更容易幫助我說服自己脫離新困境。

解開直覺之謎

許多人看到像費曼這樣的天才時，都很容易把焦點放在他看似毫不費力的直覺式跳躍思考上頭。在愛開玩笑的行事風格與難以掌控的衝動中，他似乎顛覆了學習需要努力用功的刻板印象。然而，當深入到表面之下，就能清楚看見他與其他我研究過的超速學習者有許多共同點。

費曼很努力了解事物，也把驚人的大量空閒時間，花在掌握令他的直覺發揮功效的方法上。在大學初期，他與一位朋友不斷來回讀早期關於量子力學的書，比他的同學們都更早理解。他甚至做了一份嚴密的時間表，把時間分配給他的許多學術追求。即使是在他沉迷的小事上，也展現積極的一面。例如，在學習開鎖時，他訓練自己要試完所有可能的數字組合，不斷重複練習：「我熟練得可以在半小時內試遍四百個可能的號碼。那樣一來，我最多只需要八個小時就可以打開一個保險櫃——平均四小時便能打開一個。」

當人們聽到天才的故事，特別是像費曼這種反傳統的天才，經常把焦點放在他們的天賦而非努力上。我毫不懷疑費曼具有天賦，但或許他最偉大的天賦，是融合堅持的練習與玩耍的能力。他在處理開鎖，以及爲解開量子電動力學祕密所做的解謎過程中，抱持的是同樣的熱忱。接下來，我在最後一個超速學習法則中想談的，就是這種玩耍般的探索精神：勇於實驗。

第十二章

法則9：勇於實驗——往舒適圈外探索

成果？為什麼要成果？我有無數成果！其中許多根本行不通。

——愛迪生

若只看過他的故事、沒看過他的藝術作品，梵谷應該會是你最不可能料到能成為史上最知名畫家的人。

梵谷畫家生涯起步很晚，二十六歲才開始畫畫。藝術領域充滿早慧之人，知名大師一般都很早就嶄露天分。例如，畢卡索的立體派風格，來自他還是個孩子時就已能畫出很寫實的畫，讓他可以大膽宣稱自己「花四年就能畫得像拉斐爾一樣好，但要花一輩子才能畫得像個孩子」。達文西在十幾歲時就當了學徒畫家，有個故事提到，他在一名農夫的盾牌上，畫了一隻怪獸，沒想到那盾牌被轉售給米蘭公爵。達利也在十四歲生日前就辦了第一場展覽，已經展示出會令他成名的才華。相反的，梵谷被耽誤了，也不具備任何顯著能力，直到當藝術品交易商與傳教士都失敗之後，他才拾起畫筆。畫商兼梵谷家族友人提斯蒂格（H. G. Tersteeg）認爲，梵谷對藝術的志向，是爲了掩飾他的懶惰。「你起步得太晚了。」他斷言，「有件事我很確定，你不是藝術家……你的繪畫將會跟其他你開始做的事情一樣，毫無結果。」

然而，比起步晚更糟的是，梵谷就是不太擅長素描。他畫的草圖粗糙而幼稚。當他終於說服模特兒坐下來讓他畫肖像（考量到這名荷蘭人的個性是出了名的難搞，這任務可不簡單），他還得嘗試好多次，才有辦法畫出一張像是畫像的畫。在巴黎工作室學習的短暫期間，他還曾與後來後印象派主義運動的領導人物一起學習，像是羅特列克。然而，不同於羅特列克毫不費力地輕揮幾筆，就捕捉到一片美景，梵谷畫得十分辛苦。「我們認爲他的畫工太笨拙了，」他的一個同學回憶道，「素描毫無出色之處。」最後，因爲跟同學合不來、沒有才華，加上令人討厭的態度，他不到三個月就離開了那個工作室。

除了起步晚與缺乏明顯才華，梵谷的個性也讓事情變得更糟。幾乎所有進入他人生的人，最後都與他保持距離，因爲他的狂熱與兄弟情義，幾乎都無可避免地演變成痛苦爭吵。在生命尾聲，他照例被送入精神病院，診斷出的疾病從「有全面性精神錯亂的急性躁症」到「癲癇症」都有。他提到這些疾病時說，他的情緒爆發或攻擊傾向，讓他與可能成爲他朋友、導師的人變得疏離。因此，儘管曾嘗試接受正式教育，梵谷大多仍是自學，在他拒人於千里之外前還能與人維持友誼的時期，只短暫接受過傳統教育。

梵谷神祕且過早的死亡，也縮短了他這麼晚才開始的藝術生涯。三十七歲時，他死於胃部中槍。雖然人們懷疑他是自殺而亡，但他的傳記作者史蒂文・奈斐（Steven Naifeh）與格雷戈里・懷特・史密斯（Gregory White Smith）認爲比較可能是意外或謀殺；他甚至可能是被村裡某個常對他惡作劇、叫他「紅髮瘋子」的青少年射傷的。

儘管如此，梵谷還是成爲史上最知名的畫家之一。〈星夜〉〈鳶尾花〉〈向日葵〉已成了代表作；在四個不同的場合，梵谷的作品都成爲史上售價最昂貴畫作，包括他的〈嘉舍醫生肖像〉也以八千兩百萬美元售出。梵谷獨有的色彩螺旋、厚塗顏料畫法與強烈的輪廓，令許多人認爲他的畫作是史上最偉大的藝術品。

前後差異之大，該如何解釋？一個起步晚、沒有明顯才華又有許多不利條件的人，如何能成爲世上最偉大的藝術家之一？爲了了解梵谷，我想開始介紹超速學習第九個、也是最後一個法則：勇於實驗。

梵谷是如何學習繪畫的？

想像你是梵谷：儘管有家族關係，你還是很悲慘地無法成爲藝術品交易商，想當傳教士也失敗了，此刻你正要開啓繪畫的新職涯，雖然還很難把事物畫得精確。如果是你，會怎麼做？

梵谷對這份挑戰的回應，是他終其一生都在重複的模式。首先，他會找到學習資源、方法或風格，然後用不可思議的精力投入學習，朝那方向創作出就算沒有數百、也有數十幅的作品。在這段高強度的爆發期之後，他意識到自己仍有所不足，就會專心致力於另一個新的學習資源、方法或風格，並重新開始。雖然沒有證據證明梵谷想過這其中的關連性，但我確實在他的學習模式與科學家採用的成功模式之間，看見相似之處：假設、實驗、成果、重複。或許梵谷野心勃勃、充滿實驗精神地跨入繪畫領域之舉，讓他不經意地成爲一名不只是熟練、而且還令人難忘的獨特畫家。

梵谷的學習實驗在他剛嘗試成爲藝術家時就開始了。那時展開藝術生涯的正常途徑，是去就讀藝術學校，或在工作室當學徒。由於別人不認爲他具有什麼才華，且個性古怪，梵谷在傳統康莊大道上的運氣都不太好。因此他轉爲自學，研習保證能教會他基本繪畫技巧的自學課程。他尤其大量利用夏爾・巴格（Charles Bargue）的《碳筆練習》（*Exercices au fusain*）與《繪畫課程》（*Cours de dessin*），以及阿赫曼・卡薩尼（Armand Cassagne）的《繪畫基礎指南》（*Guide de l'alphabet du dessin*），這些書都很厚，也有分級練習，有抱負的藝術家可以依此一步步做練習，以增進繪畫技巧。根據他傳記作者的說法，梵谷「貪婪地閱讀這些厚重的書……一頁接著一頁、一次又一次地讀」。梵谷自己也曾向他的弟弟西奧報告：「我現在已經完成全部的六十張練習了。」還補充說道：「我幾乎畫了整整兩個星期，從一大早到深夜。」模仿是梵谷初期採用的另一個策略，在他藝術生涯中也持續很久。畫家米勒的〈播種者〉便是他最喜歡模仿的一幅畫，他畫了一遍又一遍。他也很早就專心致力於寫生，尤其是畫人像畫的模特兒，那是他辛苦奮戰的部分，因爲他很難畫出精確草圖。

梵谷從其他藝術家、朋友與導師身上學習。安東・凡・哈帕（Anthon van Rappard）說服他試用蘆葦筆與墨水，以及採納成熟藝術家的短促筆觸風格；另一位藝術家安東・莫夫（Anton Mauve）則說服他嘗試各種不同媒材，像是碳筆與粉筆、水彩，以及孔蒂蠟筆。但這些嘗試都不太成功。高更與梵谷一起住在後來梵谷割掉自己耳朵的那間屋子期間，也督促他畫出回憶中的人事物、用色柔和一點，還有採用新材料創造不同效果。那些手法對梵谷都沒有用，因那些景象沒有直接出現在他眼前，他在畫草圖上的弱點變得更糟，而不同的材料也與後來令他成名的風格相衝突。然而，實驗不需要每次都成功才有價值，而梵谷有許多嘗試新技巧的機會。

梵谷實驗的不只是材料與方法，還包括支撐他藝術的哲學。雖然他最知名的是強烈、鮮明的顏色，但那並非他最初的用意。原本他傾向給人柔和、偏灰色調的深刻感受，如在〈吃馬鈴薯的人〉這幅早期畫作中可見的。「幾乎沒有任何顏色不是灰色的。」他說，「在自然界中，除了那些色調或陰影，人們什麼都看不到。」他對此深信不疑，並依此作爲他作品的基礎。不過，後來他轉換到徹底相反的風格：明亮、互補的顏色，經常是強加於一個場景，而非取自於自然。他對當代藝術運動的立場也變來變去，一開始他偏愛傳統繪畫勝於新印象派風格，後來又轉向前衛藝術，選擇大膽形式而非寫實風格。

關於梵谷在藝術上的實驗，有兩件重要的事值得一提。首先是他運用的方法、觀念與資源的多樣性。由於他在繪畫的許多層面都面臨掙扎，我相信那個多樣性對他最後找到一種適合自己的風格是很重要的，而那種風格要能利用他的優點、降低他顯著的弱點。雖然技藝精湛的天才或許能了解別人指導他們的第一種風格，並照著實做，其他人卻需要大量實驗，才能牢牢記住對的方法。第二件重要的事，則是他的高強度。跟至今我談論過的所有超速學習者一樣，梵谷堅持努力想成爲一名畫家。儘管收到許多負面回饋與勸阻，他仍持續他對藝術的追尋，有時甚至每天就能畫出一張新畫。多樣性與高強度的積極探索這兩大因素，讓他得以克服早期阻礙，畫出一些從未有人畫過、最具代表性且精采的作品。

實驗是精通之鑰

開始學一項新技能時，通常只要照著某個比你厲害的榜樣去做就夠了。在討論超速學習的原則上，後設學習是第一個重點。了解一個主題如何拆解成不同要素，並看看他人之前是如何學習的，如此就能提供一個有利起點。然而，隨著技能的進步，只是遵循榜樣，通常不再足夠；你必須去實驗，找到自己的道路。

這麼做的一部分理由，是學習一項技能的初期經常是最多人經歷過、也擁有最多支持的階段，因爲每個人都是從相同地方開始的。可是，隨著你技能的進步，不僅能教你的人與你的同學越來越少（提供專精書籍、課程與老師的市場也因此縮小），你也會開始與你學習的對象分道揚鑣。兩個新手擁有的知識與技能是差不多的，相較之下，兩個專家已獲得的技能卻可能相當不同，因此使得增進高階技能成了一場越來越個人化與獨特的冒險。

在你接近熟練時進行實驗的第二個重要理由，是在你已掌握基礎後，那些能力更有可能停滯不前。在獲取技能的初期，學習是一種累積的行爲，你學到新的事實、知識，以及處理之前你不知如何處理的問題的技能。然而，變得更熟練的同時，卻也會變得越來越容易忘掉所學；你不僅需要學習解決以前無法解決的問題，還需要忘掉無法解決那些問題的老方法。程式設計新手與高手之間的差異，通常不在於新手無法解決某些問題，而是高手知道解決問題的最佳方式，那是最有效率、最乾淨俐落，且以後最不易造成困擾的方法。當熟練變成一種忘掉所學多於累積的過程，實驗就成了學習的同義詞，因爲你會強迫自己踏出舒適圈，並嘗試新事物。

在你接近熟練時進行實驗之所以越來越重要的最後一個原因，是許多技能的報酬不只是熟練，還包括原創性。一名偉大數學家不只能輕易解決之前被解決過的問題，還能解決他人無法解決的問題；成功的企業領導人不只是能複製前人的風格與策略，還能看見別人看不見的機會；在藝術上，梵谷成爲史上最受人讚揚畫家之一的原因，不只是繪畫的技巧，還包括他的獨創性。當創意變得珍貴，實驗也就變得極爲必要。

實驗有三種類型

在梵谷成爲藝術家，以及成爲你的自我探索模範的路上，都可以看見不同的層次出現在實驗中：

1.學習資源的實驗

第一個可以實驗的地方，就是你用來學習的方法、素材與資源。梵谷在藝術生涯一開始就大量嘗試不同藝術媒材、材料與學習技巧，像是遵循自學課程、觀察藝術家同儕、在戶外與畫室裡寫生等等。這類實驗對於幫助你發現對你最有效的指引與資源很有幫助。不過，重要的是你的實驗衝動要搭配下必要基本功的動力。雖然梵谷剛開始自學素描與繪畫時，試過許多不同方法，但他也以每一種方法爲基礎，畫出了大量作品。

一個可採用的好策略是挑選一種資源，或許是一本書、一門課或一種學習方法，然後在一段預先決定好的期間拚命利用。一旦你全力以赴、專心致力於新方法，就可後退一步評估效果有多好，以及你是否感覺繼續用那方法是合適的，或者要嘗試另一種方法。

2.技巧的實驗

剛開始，實驗的焦點經常是在素材上。然而，在多數學習領域中，接下來可以學什麼的選項擴展得越來越快，以致問題已經不是「我要怎麼學」，而是「我接下來要學什麼」。語言就是個最好的例子。同一組基本單字與片語是多數初學者資源中的主要內容，但隨著你的進步，接下來你可能學習的事物數量變得越來越龐大。你應該學習讀文學作品嗎？要在某個專業主題上能跟人流利對談？讀漫畫書？還是進行商務洽談？每一個領域中的專業單字、片語與文化知識，都呈倍數增加，因此選擇專精什麼就變得十分必要。

再一次地，實驗扮演關鍵角色。在你試圖培養的技能中挑選某個子題，花些時間全力以赴地學習，然後評估進展。你應該繼續往那個方向前進，還是改選另一個？這裡沒有標準答案，但會有對於你正努力想專精的特定技能更有用的答案。

3.風格的實驗

等你的學習技巧精熟一點之後，困難點通常會從決定選擇哪些學習資源或想專精哪一種技巧，轉到你想培養的風格。雖然有些技能只有獨一無二的「正確」做事方式，大多數技能卻非如此。寫作、設計、領導力、音樂、藝術與研究，全都需要發展某些風格，那些風格也有不同的平衡點。一旦你掌握了基礎，一切就不再有所謂的「標準做法」，而是有許多不同的可能性，也各有優劣。這也提供了另一個實驗的機會。梵谷爲了創作出藝術品，嘗試過許多不同風格，從米勒之類的傳統畫家到日本版畫，各種變化都有，他也研究他的藝術家朋友使用的技巧，例如高更與哈帕。雖然沒有一個正確答案，但就像梵谷一樣，你仍可發現某些風格比其他風格更適合自己，不同的優缺點組合成了獨特的你。

實驗不同風格的關鍵，就是了解所有存在的不同風格。梵谷再次給了我們一個良好示範，因爲他花了大量時間研究與討論其他藝術家的作品。那給了他一個可能的風格與概念的龐大資料庫，可加以調整、用到自己的作品裡。同樣的，你也可以找出自己學習路線裡的大師，仔細分析他們的風格成功的理由，看你能模擬或融入什麼到自己的方法中。

在每一個實驗的層次，增加的選擇與可探索的可能選項，都呈等比級數增加。因此，在花時間嘗試不同的資源、技巧與風格，以及長期集中心力在單一方法到足以變得熟練之間，存在著一種緊張狀態。這種緊張狀態，通常會在你走過了一輪，也就是從探索一條新的學習道路，到下定決心深入，再繼續學習其他事情的循環完成之時，自行解除。不管梵谷有什麼其他缺點，這種嘗試一個想法，並全力以赴努力去做的模式，他倒是應用得極爲出色。

實驗的心態

實驗所需的心態，與史丹福大學知名心理學家杜維克所提出的「成長心態」之間，有一些相似之處。在她的研究中，她區分出兩種看待一個人自身的學習與潛力的不同方式：在「定型心態」中，學習者相信他們的性格特徵是固定或天生的，因此沒必要試著改進；相反的，在「成長心態」中，學習者把自己的學習能力視為一件可主動改進的事。某種程度上，這兩種類型的心態會成為自我實現的預言：認為自己能改進與成長的人，就會改進與成長；認為自己已定型與永遠不變的人，就會困在原地。

這與實驗所需心態的相似之處顯而易見。實驗是基於相信有可能改進你處理工作的方法，若你認為自己的學習風格是固定的，或你有某些永遠不變的優缺點，讓你無法嘗試不同的獲取技能方式，那麼你根本就不可能去實驗。

我把實驗心態，視為成長心態的延伸：**成長心態鼓勵你去看見改善的機會與潛力，實驗心態則是制定一個計畫，去達到改善的目的。**實驗心態不只假設成長是可能的，也會打造新的策略，主動探索所有幫助你成長的可能方式。要進入實驗的正確心理空間，不僅需要把你的能力視為可以改進之事，還要了解有無數潛在方法可以辦得到。探索，而非武斷，是明瞭那份潛力的關鍵。

如何成功實驗？

實驗聽來簡單，但實務上執行起來可能相當棘手，原因是一陣隨意的忙亂行動，通常不會轉化爲精湛技能。爲了發揮效果，做實驗需要了解你面對的是什麼樣的學習問題，並想出可能的解決方式。這裡介紹幾個能幫助你把實驗融入超速學習計畫的方法。

・方法一：先模仿，再創造

這是實驗的第一個策略，在梵谷的作品中也看得到。雖然梵谷最知名的是他的原創作品，但他也花許多時間在複製自己喜愛的其他藝術家作品。模仿在某種程度上能簡化實驗會有的問題，因爲能給你一個做決定的起點。若你跟梵谷一樣在學習畫畫，你能創作出哪一種藝術的可能性，與你能利用的技巧這麼多，因此可能很難、甚至不可能從中做出決定。然而，若你從模仿其他藝術家開始，就能利用那個立足點，往你自己的創作方向進一步大膽前進。

這個策略還有另一個優勢，也能幫你簡化實驗會有的問題。嘗試模擬或複製某個你欣賞的範例時，你必須對其加以解構，以了解爲何有效。這樣能凸顯他人做得特別好的地方，而那些線索在你剛開始接觸對方作品時，是不太明顯的。此外，若以前你曾覺得某個創作層面很重要，先模仿的策略也可幫助你消除這種錯覺，因爲經由模擬另一個人的作品，你才明白並非如原本所想。

・方法二：把各種方法放在一起比較

科學方法會透過仔細控制條件來運作，如此兩種情況間的差異才會被限制在研究的變數中。你也可以運用相同的過程在學習實驗上，透過嘗試兩種不同方法，然後只改變單一條件，來觀察有什麼影響。藉著一起使用兩種不同方法，你通常可以很快得到不只是什麼最有效、還有哪個方法比較適合你個人風格的相關資訊。

我把這個方法運用在學習法語單字上。那時我不確定記憶法效果如何，因此有一個月的時間，我會每天找一張列出五十個新字的清單（那些字是從我固定的閱讀或隨機看見的法語中蒐集來的），然後其中一半的字，我只用我從字典上查到的翻譯來查看；另一半的字，我則是努力利用一種視覺記憶法來連結兩者的意義。接著我在稍後的一次測驗中，比較每一張清單我能記得多少字，那個測驗裡的字是從清單上的兩邊（運用記憶法與沒有運用記憶法）隨機挑選出來的。若你讀過提取記憶與保留記憶的篇章，你或許可以預料到測驗的結果：我用視覺記憶法記得的字，幾乎是沒有使用這種記憶法的兩倍之多。這也顯示，即使採用特殊記憶法會花多一點時間學習，卻是值得的。

做分裂測驗有兩個好處。第一個是，跟在科學實驗中一樣，若你把變數只限制在你想測試的因素上，就會得到關於哪個方法最有效的較佳資訊。第二個是，透過多樣方式來解決問題，或在問題上運用多樣的解答風格，將拓展你的專長領域。強迫自己去嘗試不同方法，可鼓勵你跨出舒適圈去進行實驗。

・方法三：採用新的限制

學習初期的挑戰是你不知道怎麼做，後期的挑戰則是你認爲自己已經知道怎麼做。正是後者這種困難，導致我們重複舊有的解決問題慣例與方式，那是由習慣助長的，並非因爲舊有的方法確實最好。一個強迫你跳出舊習慣的有力技巧，就是採用不可能使用舊方法的新限制。

這事實上是一個設計原理，即最好的創意來自限制內的工作。賦予一位設計師無限的自由，解決方法通常會是一團糟；另一方面，在你能進行的方式中創造特定的限制，會鼓勵你去探索較不熟悉的選項，並強化你的基本技能。從現在開始試想，在你想學習的領域裡，可以如何增加限制，讓自己發展新能力呢？

‧方法四：混合不相關的技能，找到你的超能力

傳統達到熟練程度的方法，就是挑一項明確的技能，然後持續練習，直到你變得極度擅長爲止。這是許多運動員採取的途徑，他們訓練多年，只爲做出完美的射擊、跳躍、踢球或丟擲動作。

然而，對許多創意或專業技能領域來說，另一個較容易進入的途徑，是結合兩種不一定有重疊的技能，以帶來那些只專精其中一項技能的人所沒有的明顯優勢。比方說，或許你是個擅長公開演說的工程師，你可能不是公司裡最好的工程師或最好的主持人，但結合這兩種技能，會使你成爲在會議中爲公司主持工程主題報告的最佳人選，因此給了你獲得新工作機會的門路。知名漫畫人物「呆伯特」的創作者史考特．亞當斯便提過，他自己的成功正是遵循這種策略，透過結合他具有企管碩士學位的工程師背景與漫畫家的身分，畫出上班族諷刺漫畫。

這實驗方法經常在多重超速學習計畫中出現。在我完成MIT挑戰之後，就能運用獲得的程式設計知識，去寫出自動產生快閃記憶卡的程式腳本，來學習中文。一旦你開始探索一項你已學到的技能可以如何影響另一項技能，這種協同作用就可能發生。

・方法五：探索極限

梵谷的藝術在許多方面都打破常規。他的厚塗顏料畫法跟文藝復興大師們所使用的多層薄塗畫法差距很大，他快速的筆觸也比其他畫家仔細的筆觸動作快很多；他的用色並不含蓄，反而很大膽，經常過分鮮豔。若要畫一張圖表來標示梵谷的風格，與其他畫家風格做比較，你可能會看見他在許多方面都落在極端位置。

一個從數學中得到的有趣結果是，當你計算的次元越來越高，較高次元球體的大部分體積，會位於靠近表面的地方。比方說，在二次元（一個圓）中，只有不到百分之二十的質量，位於半徑的十分之一的外殼上；在三次元（一個球體）中，這數字上升到接近百分之三十；在十次元中，則有將近四分之三的質量位於最外圍那層。你可以把學習一個複雜主題，想像成試圖在一個較高次元空間的區域內找到一個最佳點——只是那些次元不是長度、寬度與高度，而可能是作品的特質向度，像是梵谷的互補色、顏料的運用，或其他能以不同強度使用的技能層面。這代表一項技能的領域越複雜（即其包含的面向越多），那項技能的極端應用就會占用越多空間，並遍及至少其中一個面向。這意味著對許多技能來說，最佳選項將是在某方面極端一點，因爲大多數的可能性本身就是極端的。堅守中間路線、打安全牌，並非正確方法，因爲那會讓你作品的可能性只探索了一小部分。

把你正在培養的技能的一部分推到某種極限，通常是個很好的探索策略，即使你最後決定把它拉回到較一般的狀態。這能讓你更有效率地去搜尋可能性的空間，同時也能得到更廣的經驗。

實驗與不確定性

學習是一個不斷實驗的過程，可從兩方面來說：首先，學習的行爲本身就是某種嘗試與犯錯。直接學習、取得回饋，以及試著找到問題的正確答案，都是讓你腦中具備的知識與技能適應眞實世界的方法。其次，實驗的行動也存在於嘗試學習方法的過程中：試驗不同的方法，然後使用對你最有效的一種。我在本書中試圖清楚表達的法則，應該能提供一些好的起點，但它們是指導方針，不是金科玉律；是起點，不是終點。只有透過實驗，你才能在不同法則之間找到對的平衡點。比方說，什麼時候直接學習比較重要，什麼時候你應該專注在反覆操練；又或者，學習的主要障礙是保留記憶，還是培養直覺。實驗也會幫助你在各個做法的微小差異當中做出決定，而任何法則清單都不可能全面涵蓋所有差異。

擁有實驗心態，也會鼓勵你探索自己做起來感覺最舒適的事之外的領域。許多人堅守同樣慣例、同一套狹隘方法，用來學習一切，結果，有很多事他們學得很辛苦，因爲他們不知道最好的學習方式。模仿典範、做測驗與挑戰極致，都是迫使你擺脫根深柢固的習慣、嘗試不同事物的方法。那個過程教你的將不只是抽象的學習原則，還有符合你性格、興趣、優點與缺點的具體做法。你學習語言是透過練習說話，還是透過電影與書本進行大量輸入，效果會比較好？你學習程式設計是藉由打造自己的遊戲，還是進行開放資源計畫，效果會比較好？這些問題沒有單一的標準答案，而人們達到成功所使用的方法差異性也很大。

我自己的學習經驗一直都是一種不斷的實驗。在大學裡，我把很多注意力放在創造連結與關係；MIT挑戰期間，我轉而去練習基礎。在第一次學習語言的經驗中，我很懶散，大多數時間都在說英語；到第二回合，我便進行實驗，走到另一個極端，看我能否避開學不好的問題癥結點。在做這些計畫時，我得頻繁調整我的方法。即使只爲期三十天，我的人像畫挑戰也包含了許多嘗試與犯錯，那是由於我從畫素描開始學習，以及當我進步速度變慢時，就試著用新方法，以更快的速度畫素描，以得到更多回饋。當那樣做也到了極限，我便花一些時間去學習一種完全不同的技巧，以達到更厲害的精確度。

我的成功裡埋入的是許多失敗，好幾次，我以爲自己能成就某些事，結果卻是悲慘的失敗。在學習中文的初期，我以爲可以用某種記憶法系統來記住字彙、用顏色來記聲調，以及用記憶符號來記音節。那是我一般用在視覺記憶法的相似音方法，然而這對記那些聽來跟英語大不相同的語言字彙完全不管用。結果徹底失敗，根本沒用！其他時候，我實驗新方法的成果都很棒。目前爲止，我在本書中分享的大多數技巧，都是從我不確定會如何發展的想法開始的。

勇於實驗是把其他所有法則結合在一起的最終法則，不僅能讓你嘗試新事物與努力思考如何解決特定的學習難關，也能鼓勵你堅決拋棄無效的學習方法。謹慎的實驗不僅能開發你的最佳潛力，還可以透過眞實結果的測試，來消除壞習慣與學習迷思。

第十三章

你的第一個超速學習計畫

開始，永遠就在今天。

——瑪麗・雪萊，《科學怪人》作者

現在，你可能已經迫不及待想展開自己的超速學習計畫。那麼，你可以學習哪些因爲害怕不適合、挫折或沒時間而被你拖延的事？你可以把什麼舊有技能提升到新高度？

超速學習最大的障礙，就是大多數人不夠在乎自己的自學計畫，以致無法展開行動。因爲你已讀到這裡了，我懷疑這對你來說是眞的。無論以什麼樣的形式，學習對你來說都是件重要的事，問題是那道興趣的火花會點燃成火焰，還是會太早就熄滅。

超速學習計畫並不容易，需要規畫、時間與努力，但報酬會值回票價。能快速有效地學習困難事物是種強大技能，而一個成功的計畫會帶領你通往另一個成功計畫。通常第一個計畫需要最多思考與照料，一個扎實、研究深入、妥善執行的計畫，能給你信心去面對未來更艱難的挑戰。一次笨拙的嘗試並不是個災難，但可能讓你不願意去進行未來性質類似的計畫。在本章，我就要告訴你所有我學到的正確做法。

步驟一：深入研究

任何計畫的第一步，都是做好後設學習研究，這是擁有一個好開頭的必要條件。事先計畫將能避開許多問題，讓你不致在開始進步前，就必須大幅改變學習計畫。研究有點像是爲一趟長途旅行打包一只旅行箱。你可能帶了不對的東西，或是忘了什麼東西，需要在路上購買，而事先思考並正確打包行李，將能避免許多之後的摸索。你的超速學習「打包」檢查清單，最少應包括下列項目：

1.你打算學習的主題與大致範圍

顯然，除非你想清楚要學習什麼，否則不可能開始任何學習計畫。在某些狀況下，學習的主題很明顯；在其他狀況下，你可能就需要做進一步的研究，以確定哪一種技能或知識最有價值。若你的目標是某種工具性學習，像是做一門生意、獲得升遷、爲一篇文章做研究，學你必須學的東西很重要，那也將建議你需要學到多廣與多深。我建議從較狹窄的範圍開始，隨著你繼續進行，可再加以拓展。「學會足以跟人聊簡單話題十五分鐘的中文」，比「學習中文」的範圍要小得多，也具體得多。

2. 你打算使用的主要資源

學習資源包括書籍、影片、課程、家教、指導員，甚至將扮演導師、教練與同儕的人。這會決定你將從哪裡開始，例如：「我打算閱讀並完成 Python 程式設計入門書中的練習」或「我打算透過 italki.com 線上家教平台來學西班牙語」或「我想用畫素描來練習繪畫」。在某些主題，靜態教材將決定你如何開始；在其他主題，它們將是支持你練習的支柱。無論如何，在你開始之前，都應該找到、購買、借到或註冊這些資源。

3. 一個了解他人如何成功學會這項技能或主題的基準點

幾乎任何受歡迎的技能都有相關網路論壇，許多之前學過那項技能的人會在上頭分享。你應該找出其他學過的人是怎麼學會的。這並不代表你要完全遵循前人腳步，但能讓你免於完全錯過某件重要的事。第四章的專家訪談法是一個值得參考的好方法。

4. 直接練習活動

你正在學習的每一項技能與主題，最後都將用在某處，即使是單純用來學習其他事物。思考你可能會如何使用，就能讓你盡早開始去尋找練習機會。如果不可能直接練習，你仍應找出模仿使用那項技能的心理要求的練習機會。

5. 備用教材與操練

除了你使用的主要教材與方法之外，看看可能的操練與你想使用的備用教材，也是件好事。若發現某項工具或某組教材可能有用，但又不想一開始就被太多東西淹沒，那就當成備用教材也不錯。

步驟二：安排時間

你的超速學習計畫不一定要高強度且全職投入的努力才能成功，不過，的確需要投資一些時間，因此最好事先決定你願意投入多少時間學習，而不只是希望你以後會找到時間。事先安排個人行程表，有兩個很好的理由。第一個是，透過比其他事更早把你的計畫放到行事曆上，你在潛意識裡就會以此爲優先；第二個是，學習經常令人沮喪，跑去看臉書、推特或網飛總是容易得多，若你不預留時間學習，將會更難燃起動機去做。

你應該做的第一個決定是打算投入多少時間。這通常會由你的行程表來支配：你可能在轉職前有個空檔，能進行高強度學習，但只有一個月；或者你行程很滿，一星期只容許投入幾小時學新事物。無論能投入的時間有多少，都請事先做好決定。

第二個需要做的決定是，你打算何時學習。在週日花幾個小時？提早起床一個小時，在上班前投入那段時間去做？還是晚上？午休時間？再說一次，最好是根據你的行程表，去安排任何最容易學習的時間。我建議設定一個每星期都一樣的規律行程表，而非試著在你可以的時間才把學習安插進去。規律性能養成好習慣，減少學習所需的工夫。若你完全沒有選擇，一份臨時的行程表也比沒有好，但需要較高的紀律去維持。

若你的行程表確實有些彈性，可以調整得更理想。較短的、間隔式的時間區塊，比密集的時間區塊更有利於記憶。然而，某些類型的學習任務，像是寫作與程式設計，需要一段較長的暖身時間，那麼安排在不受打擾的較長時間區塊，或許會帶來更多好處。什麼樣的時間安排最適合你？最好的辦法還是透過實際練習去找出來。若你發現需要長時間暖身，就在行程表中安排較長的區塊學習；若你發現自己在開始的幾分鐘內就能進入工作狀態，那就把學習分散在較短的時間區塊，對長期記憶會很有幫助。

你需要做的第三個決定是，你的計畫要花的時間長度。我通常偏愛較短的承諾勝於較長的承諾，因爲比較容易堅持下去。一項持續一個月的高強度計畫，比較可能不受生活或學習動機改變與消退所干擾。若你有個想完成的遠大目標，無法在短時間內做到，我建議拆解成多個較小目標，每 個花幾個月去完成。

最後，把所有資訊放入你的行事曆。預先把所有進行計畫的時間排入行程，有著邏輯上與心理上的重要好處。就邏輯上來說，這將助你發現行程表上因爲假期、工作或家庭活動可能產生的衝突；就心理上來說，這將比寫在一張塞在書桌抽屜裡的紙上，更能幫助你記住與奉行最初的計畫。此外，排行程的行爲也表明了你對於投入計畫的認眞態度。

我清楚記得在開始ＭＩＴ挑戰前，曾寫下我預估的念書行程表。它要我在早上七點起床念書，一直到下午六點，只有短暫的午餐休息時間。雖然實際上我眞正的行程表很少達到理想的安排（即使在我學習強度最高的初期，我也幾乎從未安排過連續十一個小時的念書時間），但僅僅是寫下行程表的動作，都有助於讓我在心理上先爲計畫做好準備。若你不願在行事曆上投入時間，幾乎一定也不願意投入時間去用功。若你在此階段就猶豫不決，便可清楚看出你的心並沒有眞正準備好要開始。

我還有一個加碼步驟，要送給那些正著手進行爲期六個月或更長期計畫的人：強烈推薦你做一份測試用的週行程表。方式很簡單，就是在你下決心去做之前，先測試你的行程表一週。這將回饋給你預估行程表執行難度的第一手資訊，也能避免你過度自信。若你第一週之後就覺得筋疲力盡，代表排程可能需要做些調整。回頭重組計畫沒有什麼好丟臉的，及時做出調整，總比計畫從一開始就注定失敗而中途放棄要好得多。

步驟三：執行計畫

無論你要開始進行什麼計畫，現在就是行動的最佳時機。沒有計畫是完美的，你可能意識到自己為學習所做的事背離了超速學習法則：你可能注意到原本的計畫太仰賴被動閱讀，而非主動提取練習；你或許看見原本的練習方法是在迂迴繞路，離你以後實際上想活用那項技能的地方很遠；你可能感覺自己似乎正在忘記學到的事，或只是強記死背，但從沒眞正了解所學。沒有關係，在現實情況下，因為資源不足，有時你就是無法擁有完美的學習方法。然而，對你用的方式是否符合超速學習法則多一點敏感度，是弄清自己能做什麼來予以改善的好方法。

你可以問自己以下幾個問題，來判定是否正在偏離理想狀態：

1. 後設學習：我是否研究過學習這個主題或技能的典型方法？我是否訪談過成功的學習者，了解他們推薦的學習資源與忠告？我是否投注足夠時間，至少學習計畫的百分之十，在事前準備之上？

2. 專心致志：我花時間學習時是否專注，或者我一心多用且分心了？我是否故意跳過學習課程，或在拖延時間？當我開始上一堂課，要花多少時間才能接近或進入心流狀態？我的心思開始游移之前，能維持專注多久？我的注意力有多敏銳？應該要爲了強度而更集中，還是要爲了創意而更分散？

3. 直截了當：我是否用最終會使用這項技能的方式在學習？若是沒有，我的練習遺漏了什麼存在於眞實環境中的心理歷程？我能如何練習把自己從書本、課堂、影片中學到的知識，轉化到眞實生活中？

4. 反覆操練：我是否花時間專注於個人表現中的最大弱點？扯我後腿的限制速率步驟（「速率決定步驟」的另一個說法，即瓶頸）是什麼？我的學習速度正在趨緩，而且這項技能有太多構成要素，以致無法精通嗎？若是如此，我要如何拆解一項複雜的技能，去改善其較小、較能處理的構成要素呢？

5. 提取記憶：我是否花大多數時間在閱讀與複習，或者我有沒有在不看筆記的狀況下解決問題，並從記憶中回想事情？我有沒有一些自我測驗的方法，或者我只是假設我會記得？我能清楚解釋昨天、上週、一年前學到的東西嗎？我怎麼知道我能否辦到？

6. 意見回饋：對於我早期的學習表現，有得到夠誠實的回饋嗎？或者我試圖閃避重拳、逃避批評？我知道自己學得好什麼、學不好什麼嗎？我有正確利用回饋，或是對伴隨回饋而來的雜音反應過度？

7. 保留記憶：我是否有適合的計畫來記住長期學習的內容？我有用間隔法來接觸資訊，好讓自己記得更久嗎？我有把事實知識轉成記得住的程序嗎？我有沒有過度學習這項技能最重要的部分？

8. 培養直覺：我有沒有深入了解自己在學習的事物，或只是在死背？我能教導他人學習我在研讀的觀念與流程嗎？我是否清楚知道自己在學習的事爲什麼是眞實的，或者一切似乎都很隨機且毫無關連？

9. 勇於實驗：我目前用的資源與技巧是否都讓我卡住了？我是否需要另闢蹊徑、嘗試新方法，去達到目標？我要如何不只是能掌握基本工夫，還能創造獨特風格，可以有創意地解決問題，並且去做別人過去不曾探索過的事？

這些法則是方向，而非目的地。在每一種情況下，都要檢視目前經由你選用的素材來學習的進度如何，以及可用什麼不同的方式去做。你需要更換學習資源嗎？是否要堅持用同樣的資源，但花較多時間在某種不同的練習上？你應該爲了得到回饋、直接學習或沉浸其中，而去尋找新環境嗎？過程中你都可以做許多細微調整。

步驟四：檢視成果

完成你的計畫之後（或如果你最後因某種原因而暫停計畫），你應該花點時間分析。你在學習過程中做對了什麼？做錯了什麼？下次應該怎麼做，可以避免犯同樣的錯誤？

不是所有計畫都會成功。有的超速學習計畫我很滿意，有的結果就是不如己意。雖然會傾向怪罪意志力與動機，但計畫的問題，經常可以追溯到預先的構想。

我在「不說英語的一年」旅程結束後，每週仍會投入五小時，進行一項致力於提升韓語程度的計畫，結果卻不如我期待的成功，因爲我並未投入足夠時間，一開始就專注於沉浸式的直接練習。我的學習方法反而是大量仰賴教科書練習題，但那些題目都很無聊，也不是很能轉移到現實生活。如果我的思慮能更周詳一些，我會事先花一、兩週盡量去找可以練習韓語溝通的地方，而非在已失去部分學習動機時，試著半途改變。這次的掙扎經驗也讓我明白，精通超速學習法則是個終身過程。即使有過許多語言學習經驗，也知道什麼最有效，我還是因爲沒有充分做好計畫，而不小心採用了比較無效的方法。計畫的結果可能不如你預期，但從中學到的教訓仍是有用的。我是從一份書單開始進行一項更深入學習認知科學的計畫，可是，最後那項計畫的許多部分，逐漸變成爲本書做研究的一股渴望，讓我去接觸到更多科學知識，如今結合成可以更直接加以運用的表達方式。

即使是成功計畫都值得分析，它們能告訴你的事經常比你的失敗能告訴你的還要多，因爲一個成功計畫背後的原因，就是你想保留和複製以供未來使用的要素。跟所有自學一樣，超速學習的目標並不只是學習一項技能或主題，而是鍛鍊與改善你的整體學習過程。每一個成功計畫都可加以精煉與改善，爲下一個成功計畫做準備。

步驟五：選擇維持或專精所學

等你學到技能、並分析過付出的努力之後，還得做一個選擇：你要拿那項技能怎麼辦？若沒有適當的計畫，大多數的知識終究會衰退。遵循超速學習的法則，能在某種程度上減緩這種衰退，然而沒有任何形式的介入，所有知識都會衰退，因此選擇你打算如何處理的最佳時機，就是在你一學到某件事之後。

•選項一：選擇維持

第一個選項是投入足夠練習來保留技能，但並沒有設下要提升到更高水準的任何具體目標。這通常可以透過養成固定練習的習慣來達成，即使是個最小的習慣。如同保留記憶法則所提及的，在「不說英語的 年」計畫之後，我擔心的事情之一，就是在短時間內如此高強度地學習語言，帶來的可能不只是快速學習，還有快速遺忘。於是，我費了一番努力在旅程結束後繼續練習，第一年每週花三十分鐘練習每一種語言，之後的那年，則是每月花三十分鐘練習每一種語言。

另一個選項是，試著把技能融入生活。我就是以此維持程式設計技能，透過寫Python腳本語言，來處理不這麼做會很繁重或煩人的工作任務。這種練習比較是偶發的，但能確保技能維持在可用狀態。此種輕量做法，跟我從ＭＩＴ課程作業中學到的高深數學與演算法相差甚遠，但若之後我想從事一項較大的計畫，過去的經驗也足以讓我保留立足點。

如艾賓浩斯在一百多年前的發現，遺忘會隨著呈指數衰退的曲線而減少。那代表記得越久的記憶，在未來繼續學習時就越不可能忘記。這個模式意味著維持記憶的練習，也可能減少衰退率，如此你已獲得的大部分知識就會被保存下來。這表示你可能要在開始時先培養一種較認眞練習的習慣，但在你的計畫完成後的一、兩年，要減少花在上面的時間，才能依然保有大部分的好處，如同我在學習語言上所做的。

• 選項二：重新學習

遺忘並不理想，但對許多技能來說，之後重新學習的代價比持續保持熟練要來得小。這麼做有幾個理由。第一，你學到的可能已經比你實際需要的還要多，因此若你學到的部分知識因爲沒有使用，而選擇性地衰退，那就自動成了較不重要的知識。我學過許多以後也許會再用到的ＭＩＴ科目，至少先了解要點，以後可能派得上用場。舉例來說，維持我證明最新模態邏輯的能力，只有微小的價值；知道模態邏輯是什麼，以及可以運用在哪裡，以防萬一我想學的某件事會用得上，這樣或許就夠了。

重新學習一般會比第一次學要容易。雖然測驗成績大幅滑落，但那些知識很可能是難以記起，而非徹底忘記。這表示上一堂複習課或做一系列練習，花原本學習那項技能的一小部分時間，可能就足以重新活化大部分知識。這對你不常需要使用的主題，以及不會無預警出現的使用情境來說，或許是最佳策略。認出某個領域的知識對某個特定的問題類型有幫助，經常比解決問題的細節還重要，因爲後者可以重新學習，但忘記前者會讓你完全無法解決問題。

• 選項三：精通技能

第三個選項當然就是更深入你學過的技能。這可以透過繼續以較輕鬆的步調練習，或用其他超速學習計畫來採取後續行動等方式辦到。我在自己的學習中注意到一種常見模式：一項最初的計畫，涵蓋了某個較寬廣的領域與一些基礎，並揭露了之前模糊不清的學習新道路。你可能會在以前的學習領域中，找到一個你想繼續研究的技能子題或分支。此外，你可能決定把在某處學到的一項技能，轉移到一個新的領域。去中國旅行回來之後，我的目標之一就是提升中文閱讀能力，而我在那裡旅行時，閱讀能力原本只是附帶目標。

精通是一條長遠的道路，其延伸遠遠超越單一計畫。有時你在最初的努力中克服的障礙，就足以爲最後到達精通的緩慢累積過程清理出一條路。在許多領域中，要採取行動本就讓人感到挫折，因此沒有一定程度的努力，練習是很困難的；然而，到達那道門檻之後，艱辛的過程就會轉而成爲不斷累積的大量知識，也能讓你以較有耐心的步調前進。此外，有些計畫會卡住，你將需要花時間忘掉所學，再度克服沮喪感受，才能獲得進展。那種類型的計畫，更能從精準而積極的超速學習法則中得到好處，最後達到精通的境界。

超速學習的替代選擇：低強度習慣與正式指令

在本書一開始，我便指出超速學習是種策略。作爲一種策略，意味著它對解決某些問題是很有利的。有鑑於這些做法有點罕見，因此我起心動念，把本書焦點放在九大超速學習法則上，而非試圖漫不經心地粗略介紹所有可行的學習方法。現在我完成了這本書，我想也值得簡述一下另外兩種策略，可在不同背景條件下，與超速學習法搭配使用。

我遇到的超速學習者，對他們所進行的每一種學習，都沒有採用相同的方式來學。例如，路易斯對語言確實做了高強度的學習計畫，但他也透過一再造訪說那些語言的國家，更深入探究他之前以強烈爆發力學會的語言，來學習大多數語言；克雷格確實爲了在《危險邊緣》節目中勝出而積極學習，但在他上節目的日期沒那麼迫在眉睫時，他也會較悠閒地吸收冷知識。當一名超速學習者，並不意味著學習每一件事都必須採取最激進與戲劇化的方式。我想簡短思考一下超速學習的兩大替代策略，看看它們能否融入更大的終身學習藍圖中。

・替代策略一：低強度習慣

低強度習慣在從事隨性的學習時，效果不錯，你的沮喪程度會很低，學習也會自動得到報償。在這些情況下，當學習的障礙頗低，你只要在場就可以了，不需要花俏的計畫、法則或努力。比方說，一旦你學習一種語言到可以跟人對話的程度，通常很容易就能到說那種語言的國家旅行或居住，在一段較長的時間當中，累積更多單字與知識；同樣的，一旦你變得夠擅長程式設計、能運用在你的工作上，那麼工作本身就會督促你以規律步調學習新事物。若你已掌握某個主題的基礎，因而可以閱讀更難的書籍，那麼閱讀這個主題書籍該做的努力，主要是付出時間，而非發展精巧的學習策略。

當然，習慣也有光譜，從完全不費力、隨性投入，到超速學習的高度費力、快速取得技能。多數習慣是介於中間，需要費一點力就好，不像一項超速學習計畫那種傾盡全力的強度。或許你已學會Excel軟體，可以寫出自己的試算表指令，但你不常有機會使用，因此需要稍微督促自己去練習；或許你曾經把公開演說學得很好，但仍需要一些勇氣才能上台。正確的前進步驟到底是建立長期習慣，還是打造專注的超速學習計畫，這種決定通常不是很清楚明確，也比較可能取決於你的個性與生活限制，而非一成不變的規則。

當學習的行為大多是一種累積、增加新技能與知識的過程，養成習慣經常最為有效；當在一個領域要想更進一步需要忘掉無效的行爲或技能，則比較適合超速學習與刻意努力。增加一種外語單字能力，通常是個緩慢的累積過程，因爲你是在學習之前不知道的單字；另一方面，改善發音則是一種忘掉所學的行爲，因爲你是在訓練自己去做對你來說並不自然的不同肌肉動作。超速學習也經常比較適合學習上有比較大挫折障礙與心理障礙的領域，那些障礙會讓任何形式的練習都太費力，以致無法成爲一種能輕鬆建立的習慣。

在全書中，我們探索了做對學習有效的事與簡單愉快的事之間的權衡。有時最有趣的事不是非常有效，最有效的事也並不容易，這種利弊權衡，或許會促使你選擇較簡單愉快、但會犧牲一些效率的學習形式。不過，在我自己的經驗中，我注意到愉悅經常來自於擅長做一件事。一旦你覺得能勝任一項技能，就會開始得到更多樂趣。因此，雖然有趣和有效兩者之間的緊張關係，短期內可能存在，但我認爲進行積極的超速學習計畫，通常比較能讓你更享受學習，因爲你比較有可能達到擅長的程度，學習也會自動成爲樂趣。

・替代策略二：正式、有組織的教育

在本書的開頭，我便解釋過超速學習是自主性的，但不一定要獨自進行。自主性

是關乎誰在做決定，而非關乎是否有其他人參與。因此，在學校或大學裡進行超速學習計畫並不矛盾，那可能是學會你想獲得的技能的最佳方式，跟其他資源一視同仁就好。

儘管有所不同，我認爲還是值得談談你可能應該追求正式教育，而非超速學習的其他理由。最明顯的理由就是取得文憑資格。若那些資格對你選擇的工作路線是必要或建議應具備的，你可能需要爲學習做出相當程度的犧牲，才能取得。本書要傳達的訊息，不是你應該輟學去自學，而是你應該好好掌握學習這件事，無論那可能是什麼。

另一個追求正式教育的理由，則是學校會創造一種可能有利的學習環境。雖然很不幸地，學校的許多教學方法都不直接又沒效率，但其他方面則進展得好很多，像是設計與藝術學校通常有學徒實習期；有些課程會保留空間給很難靠自己展開的團隊專案；最後，研究生的學術層級能創造出可能進行沉浸式學習的社群，如此你獲得的就不只是書籍與論文中的觀念而已，還包括那些與各自領域中的專家間接交流的觀念。

超速學習並不拒絕這些學習機會，若我提出的方法，被各位誤解爲是在主張這些機會並不存在，或最好用獨力學習來取代，我會很失望。要培養的正確心態，不是排斥任何較慢或較標準化的學習方式，而是承認學習任何事物的可能性比一開始看來要寬廣許多。

終身學習

超速學習的目標，是要擴展而非縮小你能得到的機會，爲學習創造新的康莊大道，並促使自己積極學習，而非膽怯地在邊線上等待。這套方法不會適合所有人，但對那些受到啓發而去使用的人而言，我希望能提供一個好的開始。

第十四章

一種非傳統的教育

給我十二個健康的嬰兒，讓他們在我設定的特殊環境中，接受悉心教養，我保證可以隨便挑選其中一個嬰兒，把他訓練成我選定的任何一種專家，無論是醫生、律師、藝術家、商人，甚至是乞丐和小偷。

——美國心理學家約翰．華生

茱蒂．波爾賈（Judit Polgár）是史上公認最厲害的女性西洋棋手。她在七歲就贏得第一場比賽，打敗一名西洋棋大師，而且還是下蒙眼棋；十二歲時，她在國際西洋棋聯合會世界西洋棋手排名位居第五十五；到十五歲，她就成為史上最年輕的特級大師，以一個月之差打破鮑比．費雪（Bobby Fischer）創下的紀錄。在她的顛峰時期，世界排名第八，並且是唯一參加過世界棋王爭霸賽的女性棋手。

西洋棋是一種由成年男性主導的比賽，因此年輕女孩參賽也引起了對手的好奇與偏見。與年輕的茱蒂對奕的特級大師艾德瑪・麥德尼斯（Edmar Mednis）提到，他非常謹愼地盡全力對付這名年輕天才：「特級大師不喜歡輸給十歲女孩，那樣的話我們會登上所有報紙頭版。」茱蒂的一些對手則是讚揚她在下棋上的顯著天分。特級大師奈傑爾・肖特（Nigel Short）說，茱蒂可能是「史上三或四位偉大西洋棋天才」之一；前任世界冠軍米哈伊爾・塔爾（Mikhail Tal）在茱蒂才十二歲時便暗示，她最後可能會是世界冠軍的角逐者。

蓋瑞・卡斯帕洛夫（Garry Kasparov）就沒那麼信服了。這位前任世界冠軍曾被許多人視爲史上最厲害的西洋棋手，他最知名的一役，就是與ＩＢＭ的人工智慧西洋棋電腦「深藍」比賽，他在一九九六年贏了，一九九七年則輸給電腦，標示出這在歷史上一直被視爲人類最高創意與智慧象徵的競賽，已轉移到由電腦主導的局面。卡斯帕洛夫對茱蒂贏得比賽的可能性不怎麼熱中：「她是有驚人的下棋天賦，但她畢竟是個女人。總之就是女性心理素質天生不完美，沒有女人可以承受持久戰。」

卡斯帕洛夫那種不經意的偏見，在他們第一場比賽期間引爆一場全面性爭議。當時只有十七歲的茱蒂，坐在這位西洋棋傳奇人物兼前任世界冠軍的對面，在西班牙利納雷斯一場比賽中與他對奕。雖然西洋棋通常被視爲是冷酷理性的，因爲對奕雙方都會精準計算每一步棋，以達到最後的結果，但坐在這位舉足輕重的俄國人對面會產生的心理效應，是不容小覷的。

由於那股驚人的緊張氣氛，當卡斯帕洛夫在第三十四步移動了他的棋子，然後手指從那顆棋子上短暫抬起之後，又改變心意，把它移到一個更好的方格時，幾乎令人無法置信。茱蒂嚇了一跳。根據西洋棋規則，一旦棋士的手離開一顆棋子，那一步就下完了，不允許再做任何更動。她半懷疑地瞄了一下裁判，期待他會指出卡斯帕洛夫違規，但裁判並沒有質疑這位特級大師。由於深受那一棋的衝擊，茱蒂輸了那場比賽。

問她為何自己沒有對犯規棋步提出異議，茱蒂解釋道：「我是在跟世界冠軍比賽，不想在第一次受邀參加如此重要的活動期間，引起不愉快。我也害怕，如果我的抗議被駁回，我會在有比賽限時壓力時被罰扣時間。」儘管如此，比賽結束後她還是被激怒了。後來她在飯店酒吧與卡斯帕洛夫正面對上，質問他：「你怎麼可以這樣對我？」「她公開指控我做錯了。」卡斯帕洛夫面對指控，自我辯護，「我認為那個年紀的女孩，應該有人教她一些禮貌。」過了很多年，兩人才再度說話，但茱蒂才剛剛起步，卡斯帕洛夫卻已在西洋棋界信譽卓著。

茱蒂是奇特的，不只是因為她在男性主導領域中的傑出才能，也因為她學習下棋的方式。其他如費雪等知名棋手，是自然發展出對棋賽的著迷，茱蒂跟他們很不一樣的一點，在於她的下棋天分並非偶然，而是始於一個男人想養育出天才兒童的人生使命。

成就天才的因素

在茱蒂勇敢挑戰傳奇特級大師之前多年，在她於西洋棋界迅速崛起，或甚至在她的第一場比賽之前，她的父親拉茲洛．波爾賈（László Polgár）就做了一個決定：他要養育出一個天才。在大學研究智力時，他就開始思索這項計畫，那時他還沒生小孩，連個太太都沒有。「天才不是天生的，而是教育與訓練出來的。」他主張。研究了數百位偉大知識分子的傳記，他深信天才是可以被製造出來的。「當我看著天才的故事，」他後來談到，「我發現同樣的事……他們都是在很小的年紀就開始學習並深入鑽研。」

但首先，他得先為他的教育實驗找到一個夥伴。他找到了烏克蘭的外語老師克拉拉，第一次與她通信，他就解釋了他想養育天才兒童的想法，完全不像正常的情書。同意他的提議之後，兩人見面，並在蘇聯結婚，之後便搬回他的家鄉匈牙利。這對夫妻一共生了三個孩子：蘇珊（Zsuzsa）、蘇菲亞（Zsófia）與茱蒂。雖然最後茱蒂成了競爭力最強與最知名的一個，但她們三姊妹都成了世界級西洋棋棋手，蘇珊也成為特級大師，蘇菲亞則是到達國際大師的地位。

拉茲洛與他太太低調地住在一間狹小的公寓，決定全職投入養育天才兒童計畫。他們的策略是在三歲就提早開始教育女兒，在六歲前就進展到專攻一個領域。他們一開始會在一段短時間內，慢慢向女兒介紹學習主題，然後變成遊戲，好讓她們會想主動練習，而非感覺被強迫。不過那個策略並未具體指定是哪一個主題。拉茲洛與克拉拉爲女兒考慮過許多不同的可能性，從外語到數學都有，最後他們選擇了西洋棋，因爲它很客觀，且進步成果很容易測量。要在那個年代的社會主義國家裡擁有傑出西洋棋棋力，無疑對他們聚焦在棋賽上的決定增加了難度。

儘管重點放在下棋，拉茲洛倒不認爲要做到專精，就一定得犧牲女兒們更多元的教育。她們三人都有學外語（老大蘇珊還學了八種語言），以及數學、桌球、游泳與其他科目。讓三個女孩都把焦點放在西洋棋的決定，是爲了一個頗實際的理由：考慮到父母兩人都須有高度奉獻，就資源與時間而言，把力氣分散在三種不同的訓練上，不是他們的預算或時間表可以負擔的。

蘇珊是第一個開始學棋的。她四歲開始下棋，六個月後就和父親一起到布達佩斯煙霧瀰漫的西洋棋俱樂部，跟年長男性下棋，且往往是最後贏家。輪到茱蒂的時候，她早已具備想開始進行訓練的動機，因爲蘇珊與蘇菲亞在拉茲洛專門用於棋賽的一個小房間裡下棋，而她不想被排除在外。

很快的，三個女孩就組成團隊，旅行各地與比她們年長許多、通常是男性的棋手比賽。在經常反對她們不尋常身分的比賽中出賽，她們共同的使命創造了聯盟情誼，而非嫉妒。匈牙利西洋棋聯盟的政策規定，女性只能在專屬於女性的棋藝活動中比賽，然而，拉茲洛強烈反對這種觀念。「在智力活動的領域，女性能達到的成就跟男性一樣。」他相信，「下棋是智力活動的一種形式，所以這說法也適用於下棋。也因此，我們拒絕任何在這方面的歧視。」歧視已經讓蘇珊無法在十五歲獲得特級大師頭銜，而身爲老么，等輪到茱蒂碰到時，那類阻礙已經被她的姊姊們突破了一點點，讓她可以放棄在專屬女性的比賽中參賽。

雖然她們受的教育相同，三人也都在下棋方面達到了令人欽佩的高度，但女孩們的本領卻各不相同。蘇菲亞是三人中最弱的，雖然也達到令人印象深刻的國際大師等級，但她後來決定從棋賽中退休，專注在藝術與她家人身上。蘇珊從很小的時候就沒有那麼專攻下棋，她父親承認，學習八種語言可能分散了她的注意力，讓她的下棋潛力無法發揮到極致。據蘇珊說，茱蒂開始得比較慢，但她最敬業，對下棋著迷到不尋常的程度。

再度對奕，扭轉偏見

自卡斯帕洛夫擊敗茱蒂引發了爭議，八年後，她有了另一次打敗這位傳奇特級大師的機會。

二〇〇二年在莫斯科舉辦的「我國對其他世界國家」比賽中，茱蒂在一場快棋賽對上了卡斯帕洛夫，每位棋手被分配到的時間只有二十五分鐘。茱蒂使用了「西班牙開局」這種西洋棋中最常見的開局法：在第二與第三步把騎士與主教移出到好的方格上。卡斯帕洛夫以「柏林防禦」反擊，不管對手主教帶來的潛在危險，把第二顆騎士移到棋盤上。這是知名的有力反擊，經常導致和局，卡斯帕洛夫可不願冒任何風險。

在一陣交戰之後，雙方的局面都相當接近。茱蒂是白方，已將她的國王與城堡易位，以策安全；卡斯帕洛夫是黑方，雖失去同樣保障安全的機會，但保留了白格與黑格的雙主教優勢，是一種經常在贏棋中扮演決定性角色的有力組合。茱蒂冷靜地進攻，把卡斯帕洛夫的雙主教之一逼到絕境，抵銷了他的優勢。她緩慢而堅定的棋步不斷改善她的局面，而卡斯帕洛夫的局面卻越來越靠不住。最後，茱蒂在中局後累積的小小局面優勢，出現了贏棋徵兆。而在兩顆兵被吃掉，且面臨不斷逼近的將殺威脅之下，卡斯帕洛夫認輸了。

卡斯帕洛夫被擊敗後，緊接著修正了他之前對茱蒂能力的評價，也確立了女性能在棋賽最高等級與男性競爭的觀念。「波爾賈一家人證明了，女性的天賦並沒有與生俱來的限制，這是許多男性棋士拒絕接受的觀念，直到他們被一個綁著馬尾的十二歲女孩毫不客氣地擊垮爲止。」

看見非傳統教育的可能性

拉茲洛主張能把任何健康孩子變成天才的信念如果沒成功，會讓他看來像個瘋子。但是，細心的讀者會注意到，就實驗的進行而言，有很多漏洞會讓拉茲洛的實驗失去科學研究的參考價值。首先是沒有對照組：波爾賈三姊妹都接受同樣的教育，沒有第四個姊妹是照一般方式正常上學，而非使用拉茲洛的特訓法。也沒有隨機測試：拉茲洛並沒有用這不尋常的方法，隨機領養一個孩童來養育，而是教導自己的親生女兒，這也代表無法忽視基因的影響，三個孩子的成功或許應歸功於遺傳的、而非獲取的才能。此外，也沒有進行遮盲：波爾賈一家人都知道自己在參與某件特別的事，一項會讓他們與其他家庭截然不同的獨特任務。因此，在先天與後天之間的持續爭議中，波爾賈姊妹的成功或許令人聯想到非正統教育所能扮演的角色，但那完全不是決定性的因素。

儘管無法成爲全然的科學實驗，波爾賈一家人的努力，肯定開了一扇看見可能性的窗。三個女孩全都在西洋棋上獲得巨大成就，而且雖然我們無法確知，但似乎有可能她們在其他許多領域也能成功。同樣的，雖然拉茲洛的方法很特別，但女孩們似乎並沒有因此受苦，無論是在發展更多元的教育或情緒健康上。她們有自信、快樂，且成長為成功、情緒穩定的大人，各自擁有充滿愛的家庭。當被問及他奇特的教育方式，是否剝奪了女兒們享有正常童年的權利，拉茲洛的看法剛好相反，正常的普通教育才經常導致不快樂。

與拉茲洛合作撰寫《養育天才》（*Raise a Genius!*）一書的訪談者安德烈．法爾卡什（Endre Farkas）問道：「女孩們受的教育是否太狹隘，剝奪了她們無憂無慮的童年？我得以觀察波爾賈一家人……你可以清楚看出來，她們很幸福。」

教得出的超速學習者

在為本書做研究之前，所有我遇到的超速學習者都是野心勃勃、富有主動精神的人，我因而深信，超速學習是極有可能由個人親身實踐。然而，由於學習者本身必須具備高強度與決心，我懷疑超速學習能否對一般教育體系產生任何直接影響。孩子們應付繁重的課業已經很辛苦了，在我看來，增加學習強度，只會增加他們的壓力與焦慮。

心理學家在人們依本質（即基於自身興趣、決定與目的）而追求的目標，以及依非本質（即受到專橫父母、繁重課程或嚴厲雇主逼迫）而追求的目標之間，分辨出一個巨大差異。後者是導致許多痛苦的原因，因爲動機主要是來自外在的社會壓力。令人沮喪的是，在標準化測試中所承受壓力漸漸讓人難以忍受的環境中，抑鬱、焦慮甚至自殺的故事非常普遍。而超速學習由於是一種自發性的追求，而非外在強加的責任，就不一定會如此。不過，由於這套方法特有的本質，我不太確定那是否是教得來的事。

因此，波爾賈姊妹的案例十分特殊，因爲雖然她們從非常年幼時就依家長安排接受訓練，並且不可思議地用功，但她們在心理上似乎並未受到壓力的傷害。與刻板印象中的「虎爸、虎媽」相較之下，她們的父母透過遊戲與正面回饋，而非威權與懲罰，來鼓勵她們培養特殊的專業能力。波爾賈姊妹在成年後，仍舊擁有具競爭水準的良好棋藝，因此，那份對下棋的執迷肯定是培養來的，而非強加上去的。

同時，女孩們對實驗的參與並非完全出於自願。拉茲洛在知道他的孩子是否同意這項計畫之前，就一直夢想著養育天才，因此，並不是由每個女兒自己發現並想全心投入高強度練習西洋棋的生活。波爾賈家庭實驗的特色之所以最吸引我，是因爲一般人以爲這樣教孩子不妥，但拉茲洛與克拉拉似乎找到了一個突破口，那就是：督促他人進行高強度學習，未必會帶來痛苦。

如何養育超速學習者？

拉茲洛在《養育天才》一書中，記錄他的非典型教育法。他概述了把任何正常健康孩童變成天才的策略，提供給願意採行他與妻子投身的這項極端任務的父母參考。

第一步是提早開始。孩子的教育不應該晚於三歲，專攻一個領域也不應晚於六歲。雖然並不清楚學習到底會隨著年齡增長而變得多困難，仍有來自音樂與語言之類領域的證據顯示，孩童的大腦在年幼時較有可塑性，適應力也較強。拉茲洛把這個觀念發揮到極致，鼓勵要比一般幼兒教育更早開始訓練。

第二步是專攻。雖然波爾賈姊妹確實有學習語言、數學、運動與其他科目，但她們的焦點永遠放在下棋。拉茲洛提到：「從四到五歲開始，她們就每天下棋五、六個小時。」那樣的專攻在他養育天才的策略中，似乎扮演了兩種角色。第一種是，那能善用任何假設較年幼的孩童所擁有的、很容易就能學會新科目的適應力。第二種則是，透過專攻一個科目，孩童能在更小的年紀就達到精通程度。在棋賽中贏過較年長與較有經驗的對手，也會建立她們的信心與好勝心，如此她們就會主動想練習更多，以自我改進。若是把智能上的愛好分散得太廣，可能就不會培養出想做高強度練習的自信。

第三步是把練習變成玩遊戲。本身就是一種遊戲的西洋棋，自然很適合玩，不過，拉茲洛堅持用玩遊戲的形式讓女孩們認識所有科目。當孩子變得分心，或在玩一場遊戲時站起來閒晃，他不會懲罰她們，反而鼓勵她們在尋找解法時，讓自己的心思游移一下。讓遊戲保持輕鬆好玩，特別是在孩子還小時，是培養日後支持更嚴肅努力的動力與自信的重要墊腳石。然而，重要的是要記得，拉茲洛堅持「玩樂不是工作的相反」，與「孩子不需要區分玩樂與工作，而是需要有意義的行動」，並補充道：「學習帶給她們的樂趣，多過於一個乏味的遊戲。」波爾賈一家人的學習方法結合了玩樂與工作，兩者間沒有明確界線。

第四步，拉茲洛細心創造正面強化，讓下棋成爲一種愉悅而非挫折的經驗。「失敗、痛苦與害怕會降低成就。接連幾次失敗之後，甚至可能創造出一種有害的抑制情結。」他解釋道。心理學家已詳細知道，擁有像是贏得一場比賽之類的正面經驗，能創造一種欲望，想一再重複能得到那種經驗的行爲。至於負面經驗——從輸掉比賽、變得困惑，或經歷對抗較強對手的挫折感，到因爲對手太容易對付，以致被剝奪了那種從印象深刻的勝利中取得的滿足感——則會降低熱忱。

拉茲洛很早就知道要小心建立正面回饋循環。一開始，當他還是比女兒更強的棋手時，他會調整玩法，好讓她們可以受到挑戰，但仍有足夠的贏棋機會，能讓她們發現這遊戲很有趣。「我們應該確保不要總是贏過孩子；有時候應該讓他們贏，如此他們才會覺得自己也有能力思考。」他寫道，並補充：「剛開始最重要的是喚起興趣……我們應該讓孩子愛上他們在做的事，到他們幾乎會著迷地去做的程度。」

最後，拉茲洛完全反對強迫學習。他認爲，自律、動機與承諾必須出自孩子本身的意願。他解釋道：「有一件事是確定的：一個人絕對無法透過強迫來達成重要的教育成果，特別是高水準的成果。」他也認爲：「最重要的教育工作之一，就是教導自學。」他方法中的最後一步，對他的女兒們來說特別重要，因爲她們的能力很快就超越了父親，若沒有鼓勵她們去發展自學與調整學習的能力，她們或許會成爲不錯的西洋棋手，但一定不會是特級大師。

除了這些基本原則之外，拉茲洛與克拉拉也熱切投注全力，爲女兒們提供所有獲得進展的機會：建立一個囊括二十萬場比賽的資料庫、購買他們能找到的每一本西洋棋教科書，還有爲女兒們徵求西洋棋家教，讓她們不致缺乏任何研究與增進西洋棋能力的機會。波爾賈一家人家中的牆上掛著西洋棋棋局示意圖，成了獻給這個古老遊戲的學習殿堂。對拉茲洛與克拉拉來說，養育他們的孩子不只是一份全職工作，因爲他們是透過集結資源與在家自學，來培養女孩們的天賦。

超速學習法則的運作

除了拉茲洛養育天才兒童的原則之外，有趣的是，我發現目前爲止我討論過的所有超速學習法則，也都出現在他們一家的學習方法中。

1. 後設學習

拉茲洛全職投身於了解人們如何學習下棋，以及他的女兒們要在什麼樣的條件下才能成功。他建造了一個龐大的西洋棋局面、策略與比賽清單資料庫，在網路普及之前的時代，這可不是件小工程。在女孩們還很小時，他也精心策畫一項指導她們下棋的計畫，一開始教她們先替棋盤上的方格取名字，然後再了解棋子要如何移動。那樣緩慢的進程，讓女孩們甚至在發展其他認知能力之前，就已學會那種遊戲。

2. 專心致志

拉茲洛把「對付單調乏味的能力及保持興趣與持久注意力的能力」視爲他打算灌輸給孩子的主要特質。女孩們分別在十五歲、九歲與八歲時兩度參加二十四小時西洋棋馬拉松賽，期間須完成一百場競賽。西洋棋不僅僅是短暫閃現才華，也是耐力與毅力的賽事。訓練專注也是拉茲洛爲女兒打造的方法中的重要部分，因爲他會鼓勵女兒把心思專注在問題上，不要分心。

3. 直截了當

拉茲洛在女兒只有四歲大時，就帶她們去跟男性比賽，讓她們看看跟眞正會帶來挑戰的對手比賽是什麼樣子。女孩們參加過非常、非常多西洋棋比賽，那形成了她們能力的基礎，讓她們不只學到如何下好棋，也學會處理像是時間壓力，以及與較年長、令人生畏的對手對戰時的心理不安全感等變數。藉著即使在非正式比賽中也使用西洋棋計時器，女孩們可以在較密切符合正式競賽的環境中練習。

4. 反覆操練

拉茲洛把學習棋賽的方法多樣化，一開始先讓女兒背誦方格的名字，然後記住重要棋子的移動方式。掛在家中牆上的西洋棋謎題，則成爲女兒的功課，因爲她們必須面對不同的戰局，並想出有創意的解決辦法。快棋與蒙眼棋比賽則讓女孩們更善於快速思考，並在心中模擬比賽。

5.提取記憶

至於提取記憶，拉茲洛解釋道：「我們不應該告訴她們一切，而是應該試著讓孩子去說！」透過他形容爲下棋用的「蘇格拉底方法」，提出他女兒必須回答的問題，而非要她們記住已有的答案，他就是在利用正確的方法，來助長她們記憶力與理解力的拓展。蒙眼棋比賽再次成了女孩們的策略中一個強有力的要素：藉著練習不看棋盤，可強迫她們培養在腦中密切注意局面的能力，那不僅有利於長期記住重要的下棋模式，也可磨練在棋盤上模擬對手可能下什麼棋步的能力。

6.意見回饋

拉茲洛相當鼓勵與眞正的對手下棋，但也很謹愼選擇「棋力大致上差不多的合適夥伴」。有趣的是，這裡的回饋是受到小心控制的，不僅要提供孩子足夠的挑戰（波爾賈姊妹堅持在男性的比賽中出賽，才能面對那樣的挑戰，便是例子之一），還要避免在她們的能力尚未成熟時，就遇到太大的挫折。在初期，培養正面的回饋是很重要的，而拉茲洛總是準備好調整比賽走向，以確保可以激發更進一步的能力。

7.保留記憶

拉茲洛讓孩子從記憶中回想棋型，並加快比賽速度，好讓她們比賽的要素變得更具習慣性且不容易忘記。記住棋型是比賽成功的一大原因，而這要透過間隔式練習法，以及快棋與蒙眼棋等專業操練，來加以協助。

8.培養直覺

與費曼技巧相同，拉茲洛鼓勵孩子寫出關於西洋棋的文章，他解釋道：「若一個人要寫一篇文章，他會比沒有目標、獨自思考或跟別人訴說，更深入去思考一件事。」他也鼓勵孩子去想出有創意的問題解決辦法。無論是作爲比賽的西洋棋，或是對沒有組織與目標的活動而言，玩遊戲都是教學策略的一部分。想出有趣的解答，並要求孩子思考訣竅與新洞見，能讓她們去探索除了過去背誦的解答之外，還有沒有更多可能性。

9.勇於實驗

當西洋棋功力超越父親後，波爾賈姊妹要繼續專精棋賽的動力，就必須來自她們自身。每個女孩都必須培養出自己的獨特風格與方法。茱蒂選擇專注在訣竅與戰術上，她寫道：「那時開局的準備一點都不重要，這或許是爲何至今我最強的部分仍是中局的原因。」女孩們不同的選擇，顯示西洋棋就跟任何創意技能一樣，牽涉的不只是對棋型的專精，還包括在大量可能性中要選擇培養出什麼技能與獨特風格。

最後，波爾賈姊妹體現了最廣泛的超速學習概念。拉茲洛主張：「就我看來，我們應該在每一個領域宣傳高強度學習的觀念。」波爾賈姊妹遵循的成功模式，跟我遇見的大多數超速學習者一樣，即：遵循學習的重要法則，積極、充滿熱忱地自學。

在家中、學校與職場，培養超速學習力

身為父母、教育從業者或在組織中工作的你，能如何培養超速學習力呢？有沒有可能幫助他人充滿自信地去進行自己設計的困難學習計畫？你能不只教導學生他們需要學習的教材，還教他們如何自力學習，好讓他們離開教室也能自給自足嗎？你能引導組織裡的個人更積極地學習，填補能力不足之處，並發揮全部潛能嗎？這些都是我們仍未擁有最後答案的有趣問題。

在閱讀學習相關的科學文獻與進一步了解超速學習者的故事時，讓我驚訝的不只是我們對於「學習」這件事所知甚少，還有研究者與自學者仍在大膽的假設嘗試中，留

下了多少開放性的問題。一旦你把社會環境帶進來，複雜度也會呈指數擴增。如今這不再僅是個人認知問題，也是開始以複雜且無法預期的方式影響學習的情緒、文化與關係的問題。

因此，從這觀點而言，我想謹慎地建議一些起點，供你在家中、學校或職場打造出能支持超速學習的環境。這些建議並非規則，但你可以視之為讓他人得以掌握超速學習精神的起點。

• 建議一：打造激勵學習的目標

最好讓人可以自己設計能自我激勵的學習目標。激勵是超速學習過程中的一個必要起點，必須要有某件非常難以抗拒的事，才能讓一個人喚起學習所需的能量與自律。有時是對一項新技能可以帶來工作機會的希望，例如隨著高收入的程式設計工作迅速崛起的boot camp程式編寫技能，促使學生以驚人速度去學習，有時一週甚至花上將近八十小時的時間。然而，這目標讓人難以抗拒，足以成爲大力投資的正當理由：只要在幾週內完成一項有力的學習計畫，你就能登上在矽谷與其他地方得到高薪科技工作的階梯。過程雖激烈，但動機很迷人。

在其他例子中，超速學習的動機則來自擴大的內在興趣。我自己的MIT挑戰，是從覺得自己在學校錯失了學資訊科學的機會而開始的。一般而言，那並不會讓人去做任何大規模、有組織的努力，只爲了學習更多資訊科學知識；只有當在一段縮短的時間內修完整個學位的想法出現，加上研究之後我覺得那想法或許可以達成，我最初燃起的興趣才變成了長久而熱切的承諾。

擁有《危險邊緣》節目過人紀錄成就的克雷格，一直都對冷知識問答比賽很有興趣，但他也是後來意識到或許有機會上這知名電視節目，興趣才變成一種執迷；巴隆則是把他兒時對一個電玩遊戲的喜愛，擴展成去創造一個更好版本的努力。找出讓人們進行超速學習的自然興趣，是指鼓動原本就已存在的火花，而非只是把你覺得最有用的主題強加在他們身上。人們一旦看見一項超速學習計畫的架構，就能開始爲自己思考做什麼對他們來說最有趣、最興奮與最有用。蒙特貝洛一開始只有超速學習的想法，後來才選擇精心打造一項環繞著那想法的公開演說計畫。

•建議二：留意競爭

波爾賈姊妹的例子清楚指出，早年的自信能創造出一種熱忱，可讓人持續投入時間精力。你不需要感覺自己似乎擅長某事，才投入精力去學習，畢竟學習就是要對某事變得擅長；然而，你需要覺得自己「可能」擅長某事。人們很容易讓自己感知到的不足成爲不可改變的命運：「我對數學很不行。」「我除了畫線條之外，其他什麼都不會畫。」「我沒有語言天賦。」雖然眞實的天生能力差異確實可能存在，以致這些看法不完全是錯的，但很容易因此忽略一個重要因素：動機。當你自認缺乏擅長某事的潛力，或相信無論如何努力，你永遠都會落於人後，那就會剝奪你努力的動機。因此，雖然我們所有人的能力各有不同，但那些不同經常會被我們對學習的感覺強化了。覺得自己似乎對某事很不擅長，就會剝奪想改變的動機。

你拿來跟自己相比的參考組，對你可能有強大的影響。我發現很有趣的是，很多（但並非全部）超速學習者瞄準的計畫都是如此特別，以致很難把它們拿來跟某個正常的參考組比較。蒙特貝洛的公開演說比賽，當然會讓他與優秀的演說家較量，那可能造成一種自卑感，尤其蒙特貝洛大可自我解釋爲，任何表現不足之處都是因爲過去演講經驗太少，而他又妄想嘗試野心勃勃的計畫。若這不是一項個人的超速學習計畫，他就會像這樣完全以跟過去相同的經驗，與十幾位參賽者較量，他可能會把任何察覺到的不足合理化爲自己就是不夠好。這意味著學習計畫的競爭性有利有弊：當你有某種天賦才能，因此比輕易就能找出來的參考組表現得好很多，你就會更有動機去練習與進行高強度學習；然而，若你的表現不理想，那可能會剝奪你練習的動機。波爾賈姊妹很善於利用競爭。因爲她們的訓練開始得異常地早，總被視爲早熟，而且競爭的環境也強化了她們的動機；若她們很晚才開始，或被送去無法保證她們會成爲明星棋手的學校，她們的動機可能就會被消磨光了。

對我來說，這種動機效應來自於參考組的隱性比較，建議可以針對能力的高低，採用一種雙重方法。若你想激發某人的超速學習精神，而那人擁有某種天賦才能，那麼競爭對他而言可能就是好的，因爲看見自己與他人直接相比能夠做得更好，會鼓勵那人決心投入更進一步的改善；然而，如果你要激勵的對象，他的能力位居中等或落後他人——像是學習他沒有經驗的領域的技能，或是很晚才開始學習新技能的人——你應該致力於讓學習計畫變獨特。這會鼓勵那人透過與過去的自己比較，而非與他人競爭，來設定學習進展。有時，一項計畫剛開始可以很獨特，免於受到不利比較的嚴厲考驗；等信心建立之後，再轉到較具競爭性的環境。舉例來說，你可以從創作一個難以跟其他遊戲比較的遊戲，開始學程式設計，但等你覺得較能勝任時，就去參加編碼競賽。

・建議三：讓學習成為優先事項

出社會後，學習通常被視爲做一份工作的副產品，而非主要目標。雖然公司組織經常在口頭上說，會持續訓練與教育員工，但通常都是以工作坊或研討會形式，參與者只是被動坐著聽講，之後再回去做手邊工作。超速學習則能透過鼓勵直接、高強度的練習，提供職場人士進行一種混搭計畫的機會，這可以完成眞實的目標，也被設計成用來傳授新事物。

公司組織裡分派一項計畫的正常規則是，找出對那份工作最在行的人，然後把任務交給他們；但如果是以學習爲導向的做法，反而會建議把計畫分派給還沒有能力承擔那項任務的人。一個超速學習導向的工作環境，可能的組成狀態是：員工把大多數時間花在低於或接近能力水準的計畫上，但又可以投注一定比例的時間，去從事離他們現有能力還有一大段距離的計畫。雖然這只是假設，但我猜想，這方法有兩個好處。第一，它能創造一種在組織內學習的文化，在其中，人們總是樂於試著去解決他們還不知道如何解決的問題，而非期待他人已知道答案；第二，它能藉由給予人們能夠應付的挑戰，來協助展露才華。如果接受指導的機會與困難的計畫，全都只憑管理階層的心血來潮去分配，很可能就會錯過許多潛力人才——這些人或許有能力勝任困難職位，卻從未得到機會去做。

從最高層次來看，超速學習導向的文化，也能讓學習得以進入或許沒有其他人擁有一項特定技能的領域。雖然達到既定的技能水準很重要，但要等到一個人學著去做沒有其他人能做的事，學習才會變得眞正有價值。

你還能達到多少成就？

寫作本書在許多方面都是一項超速學習計畫。雖然作家爲一本書做研究一點都不特別，但不是所有超速學習計畫都必須是獨一無二，對執行計畫的人才算得上重要。

我家中的小書房裡堆著一疊疊資料夾，裡面放滿數千頁列印出來的報章文章。我的書架上現在有許多模糊不清的絕版論文，薄薄紙張上探討的是人們如何學習的問題。與各式各樣研究者的電話錄音則幫助我了解，即使是如「回饋是有幫助的嗎？」與「人爲何會遺忘？」這般簡單的問題，都多少存在著細微的差異。

我閱讀大量知名學者、企業家與科學家的傳記，試著眞正理解他們如何進行學習。在許多方面，寫作本書的過程都反映了本書主題：一項寫一本關於超速學習的書的超速學習計畫。雖然我對學習主題有著強烈興趣，也在開始研究本書之前瀏覽過一些教科書、文章與傳記，但仍要等我展開這項有組織的計畫之後，才眞正開始深入探究。

研究之外，本書也是我身爲一名作家的挑戰。我的寫作經驗來自寫部落格，而非寫書。在一本書中適當地遣詞用字很困難，跟在部落格裡每天寫的隨筆相當不同。從一開始，我就知道自己想分享他人的故事與功績，而不只是敘述我自己的經驗。那起初相當困難，因爲多數傳記與已出版的故事，並非聚焦在學習方法上；即使故事的核心主題是學習，多數的傳記作家都只滿足於對天賦心存敬畏，而不去挖掘一個人如何做某件事的具體細節。我的研究工夫經常包括讀遍五百頁的自傳，去搜索幾個順道提及學習方法具體細節的段落。雖然這會帶來挑戰，但也強迫我去培養作爲一名作家的新技能，我必須用超過十年寫部落格文章的經驗中從未用過的方法，來增進我的研究與寫作技巧；甚至至本書的寫作風格，也爲我自己打造了一個挑戰技巧的計畫。至於我是否成功，就留待你（也就是讀者）去評斷了。

這項寫一本關於超速學習法則的書的整合計畫，也說明了一些重要觀念。一是雖然我已經大幅增進我的寫作能力，以及我對認知科學與知名學習成就的了解，但要學習的還有很多。以探究科學來說吧，面對堆積如山、全都與學習的主題沒有緊密關連的報告、理論、觀念與實驗，你很快就會產生一種暈眩感。同樣的，就我讀的每一本傳記而言，還有其他數百本傳記我無法讀完；就每一個我碰到的超速學習故事而言，可能還有其他數十個我的搜尋沒揭露的故事。聲稱學習是關於用理解來取代無知，完全是一種錯誤。知識會拓展，但無知也是，對一個主題有越多了解，對所有仍然未解的問題也會有越多感謝。

面對這一點，人必須同時抱持信心與深度的謙遜。若不相信自身知識與技能的進展是有可能的，就無法推動幫助進展所需的計畫。這種信心或許會被外人誤解爲自大，因爲快速且密集地學習某事的努力，可能是在某種程度上斷言那件事是微不足道的，或是斷言一個人只要學會某事，就算是學會一切。然而，這種信心反而必須配上深度的謙遜。我進行過的每一個計畫，包括寫書這一項，在結束時，我的想法都不是我終於完成了，而是突然意識到我原本還能再多做多少。在開始我的ＭＩＴ挑戰之前，我想像讀完相當於學士學位的資訊科學觀念就足夠了；完成之後，我才知道，每一個我學過的主題都可以擴增爲一個相當於博士學位的研究，或要花一生去做編碼，才能完全了解。我學習語言到能跟人進行對話的經驗，則讓我明白有許多字彙、形容詞、文化的細微差異，以及困難的溝通情境仍未探索。因此，完成一項計畫，通常伴隨的不是一種完成學習的感受，而是創造出一種發現更多可能性的感覺，因爲你的眼睛看見了所有尚待學習的事物。

我認爲學習最有趣的就是這一點。許多人生中的追求都有某個飽和點，到達那一點之後，隨著你得到某個東西越多，希望得到更多那個東西的渴望終究會消失。一個飢餓的人能吃的食物就是這麼多，一個寂寞的人能得到的陪伴也只有這麼多，但好奇心的運作卻不是這麼回事。一個人學得越多，就越渴望學得更多；一個人變得越好，就越能看出自己可以再變得多好。

若你讀完本書、且受到鼓舞去嘗試你自己的學習計畫，這會是我最大的願望：不是你的計畫會成功，而是你的結束將會是個開始。透過在世上所有可能被知道的事物中打開一小道縫隙，你或許就能窺見，世上還有比你想像多更多的事物，等著你去發現。

＊隨書超值好禮！
上網下載《7個超速學習必知訣竅》小冊，讓你快速掌握有效超速學習的小祕訣，以及如何將超速學習法則運用在學業、工作與牛活中。
請上「圓神書活網」（www.booklife.com.tw）搜尋「超速學習」這本書，進入書籍介紹頁面後，即可找到下載小冊的連結。

—附錄—

我的超速學習計畫補充說明

MIT挑戰

目標：利用線上免費提供的教材與二手教科書，學習MIT資訊科學系大學課程教授的內容。

方法：把目標放在通過所有期末考（分數高於百分之五十的學生），並完成程式設計專案。

時間範圍：二〇一一年十月到二〇一二年九月。

・附注與討論

在MIT挑戰裡值得一提的是，我最後完成的並不是一張MIT學位文憑。雖然任何時候只要可能，我都努力用涵蓋的全部課程與評估強度爲標準來評量，但與一名眞正的MIT學生透過同樣教材學習的進展程度，仍難免有偏差。

在整體課程上，有些微調動。那時ＭＩＴ開放式課程並未提供人文學科的選項讓我可以修課自評，因此我改用經濟學的課代替；實驗比重高的課程，因爲我無法使用設備，便用我辦得到的解析理論課程來取代。此外，學校也期待ＭＩＴ學生完成一份論文計畫，而在一年的學習期間，我並沒有做那件事，但出於好玩，在我的學習計畫正式完成後不久，我眞的寫了一個讓人可以跟電腦對手比賽拼字遊戲的遊戲程式。在評估程式設計計畫時，若能發揮與執行我想要的功能，或能完成附帶的測試套件，我就會認定這個程式作品是成功的。

至於期末考試，我預設的標準値是分數至少達到百分之五十，並盡可能堅守正式的評分標準。有分歧的時候，像是在多步驟問題上的計算或代數錯誤要如何扣分，我就自己判斷。較進階的問題在細節上也可能有偏差，因此我決定在完成挑戰後的數年，用所能找到的最嚴格評分方式（任何在一個多重題組上犯的錯，會讓整組問題變成零分；任何應用到其他題目的錯誤答案，結果也會讓那些問題都變成零分），再回頭重新評估我的所有考試題目。結果三十三門課程當中，有六門原本在記錄中「及格」的課程，在此較嚴格標準下變成了「不及格」。我不相信這份評估是百分之百精準無誤，因此我支持自己原本已通過那些考試的評估結果，但這一點仍値得提出來參考，以說明我主觀決定的影響有多大。其中有幾門課是沒有期末考的，因此那些課程的評估標準，便預設爲作業或期中考試。完成作業並非完成一門課的必要條件，但我最後真的做了很多作品，當成學習過程的一部分。

想知道更多有關這項挑戰的資訊，像是課程清單、使用的教材與我做的考試題目掃描圖檔，可以造訪以下MIT挑戰的首頁：www.scotthyoung.com/blog/mit-challenge/。

不說英語的一年

目標：學會西班牙語、葡萄牙語、中文與韓文。

方法：一整年都避免說英語，同時旅行至西班牙、巴西、中國與南韓（每個國家大約三個月）。我是與朋友賈斯瓦（在第六章提過他）一起進行這項計畫。

時間：二〇一三年九月至二〇一四年八月。

•附注與討論

要量化在每一種語言達到的熟練程度是件困難的事。這會有雙重風險，可能誇大，也可能低估。誇大是暗指一種近乎完美的流利程度，而那可能是一段需要沉浸在那種語言環境中數十年的漫長過程。另一方面，那次旅程之後，有人問我，是否能「告訴計程車司機路怎麼走」，這其實是個只需要幾小時、而非幾個月練習就能完成的簡單任務。因此，有鑑於那些困難點，我會試著判斷我們達到的程度：

• 西班牙語：我認爲我朋友與我在三個月後，都達到了大約是B2的程度，有符合路易斯對流利的標準（雖然一定不是所有人的標準）。我們的口音、文法與較正式的口語能力當然沒有到達母語者的程度，但以那個程度，我們要用西班牙語與人閒聊任何主題數小時，困難也不大。

• 葡萄牙語：我們的葡萄牙語說得比西班牙語差，雖然不是差很多。這兩種語言有共同的基礎，因此比當初學西班牙語要學的少很多。我們可以交朋友與閒聊，但並沒有那麼不費力。

• 中文：我們的能力在這個語言上第一次出現了很大的不同。我一直都很想學中文，在旅程開始之前，也花了一些時間用快閃卡練習，好讓自己熟悉中文；我朋友則比較不感興趣，也學得比較辛苦。最後，我通過了漢語水平考試第四級的筆試考試（衡量中文掌握能力的六級系列考試中的第四級）。我會說我的中文還算不錯，雖然在進階的主題上會比較受限，因爲中文單字與英語截然不同；我朋友達到中下程度，可以自在地說話並使用聲調，但會的單字比較少。

• 韓語：在這個語言，我們倆都到達中下程度，能夠與人對話，也還可以應付日常生活，但能聊的主題範圍比較受限。部分原因是韓文的難度，但更大部分的原因只是，那是連續學習的第四種新語言，我們已經開始累了。

雖然我們的目標是在到達每一個國家後再進行大部分的學習，但我們確實也對每個國家的語言做了一些事前的準備，大多是聆聽皮姆斯勒語言學習法的錄音帶與做一些快閃卡練習。一般來說，我們每種語言大約花二十五到五十個小時準備，但我在到達中國之前花了較多時間學習中文（大約是一百個小時）。

有興趣的人可以在這個計畫的首頁，看到更多相關內容（包括呈現我們在每個國家的進展的影片），看看我們用來學習的方法，以及沒有對稿的訪談，用來大致呈現我們在每一種語言所到達的程度：www.scotthyoung.com/blog/the-year-without-english/

人像畫挑戰

目標：增進畫出逼真人臉的能力。

方法：快速回饋，以及從各種書籍與課程學到的技巧。

時間：二〇一六年七月。

・附注與討論

這計畫較短，我花了一個月與總共一百小時練習。除了速寫畫，以及把圖紙鋪在參考照片上直接比較的快速回饋策略之外，我也從《像藝術家一樣思考》這本書與維特魯威工作室的人像繪畫課中獲益良多。

我已在這個計畫的首頁，上傳我畫的每一幅圖畫、素描與自畫像，還有對於我用來學習的方法更細部的討論：www.scotthyoung.com/blog/myprojects/portrait-challenge/

其他挑戰

在寫作本書時，以上三項挑戰是我公開的主要超速學習計畫。然而，我一直在學習新事物，因此當我進行更多公開挑戰時，我會把它們貼在這裡：www.scotthyoung.com/blog/my-projects/

Eurasian Publishing Group
圓神出版事業機構
方智出版社
Fine Press
www.booklife.com.tw reader@mail.eurasian.com.tw
生涯智庫 180

超速學習：我這樣做，一個月學會素描，一年學會四種語言，完成MIT四年課程

Ultralearning: Master Hard Skills, Outsmart the Competition, and Accelerate Your Career

作　者／史考特．楊（Scott H. Young）
譯　者／林慈敏
發行人／簡志忠
出版者／方智出版社股份有限公司
地　址／台北市南京東路四段50號6樓之1
電　話／（02）2579-6600．2579-8800．2570-3939
傳　真／（02）2579-0338．2577-3220．2570-3636
總編輯／陳秋月
副總編輯／賴良珠
主　編／黃淑雲
責任編輯／陳孟君
校　對／黃淑雲．陳孟君
美術編輯／李家宜
行銷企畫／詹怡慧．陳禹伶．楊千萱
印務統籌／劉鳳剛．高榮祥
監　印／高榮祥
排　版／杜易蓉
經銷商／叩應股份有限公司
郵撥帳號／18707239
法律顧問／圓神出版事業機構法律顧問　蕭雄淋律師
印　刷／祥峰印刷廠
2020年5月　初版
2024年5月　37刷

定價380元　ISBN 978-986-175-553-3

如果每天都能進步百分之一，持續一年，最後你會進步三十七倍；
若是每天退步百分之一，持續一年，到頭來你會弱化到趨近於零。
起初的小勝利或小倒退，累積起來會造就巨大差異。

——詹姆斯．克利爾（James Clear），《原子習慣》

國家圖書館出版品預行編目資料

超速學習：我這樣做，一個月學會素描，一年學會四種語言，完成MIT四年課程／史考特．楊（Scott H. Young）著，林慈敏 譯.
-- 初版. -- 臺北市：方智，2020.05
336面；14.8×20.8公分 --（生涯智庫；180）
譯自：Ultralearning: Master Hard Skills, Outsmart the Competition, and Accelerate Your Career

ISBN 978-986-175-553-3（平裝）

1.學習策略　2.學習方法　3.成人學習

521.1　　109003356

Ultralearning

Master Hard Skills, Outsmart the Competition, and Accelerate Your Career

Ultralearning

Master Hard Skills, Outsmart the Competition, and Accelerate Your Career

Ultralearning

Master Hard Skills, Outsmart the Competition, and Accelerate Your Career

Ultralearning

Master Hard Skills, Outsmart the Competition, and Accelerate Your Career